社会科学

一点通

SHEHUI KEXUE YIDIANTONG

王子安◎主编

汕头大学出版社

图书在版编目（CIP）数据

社会科学一点通 / 王子安主编. -- 汕头 ： 汕头大
学出版社，2012.5（2024.1重印）
ISBN 978-7-5658-0775-6

Ⅰ．①社… Ⅱ．①王… Ⅲ．①社会科学－通俗读物
Ⅳ．①C49

中国版本图书馆CIP数据核字(2012)第096731号

社会科学一点通

主　　编：王子安
责任编辑：胡开祥
责任技编：黄东生
封面设计：君阅天下
出版发行：汕头大学出版社
　　　　　广东省汕头市汕头大学内　　邮编：515063
电　　话：0754-82904613
印　　刷：三河市嵩川印刷有限公司
开　　本：710 mm×1000 mm　1/16
印　　张：16
字　　数：90千字
版　　次：2012年5月第1版
印　　次：2024年1月第2次印刷
定　　价：69.00元
ISBN 978-7-5658-0775-6

前　言

　　浩瀚的宇宙,神秘的地球,以及那些目前为止人类尚不足以弄明白的事物总是像磁铁般地吸引着有着强烈好奇心的人们。无论是年少的还是年长的,人们总是去不断的学习,为的是能更好地了解与我们生活息息相关的各种事物。身为二十一世纪新一代的青年,我们有责任也更有义务去学习、了解、研究我们所处的环境,这对青少年读者的学习和生活都有着很大的益处。这不仅可以丰富青少年读者的知识结构,而且还可以拓宽青少年读者的眼界。

　　不仅自然、宇宙有着深奥的科学密码,而且人类社会的本身也隐藏有艰深的科学奥秘。而解读人类社会本身的科学密码的即是人文科学与社会科学。总体而言,社会科学与人类本身的关系最为密切,距离最为紧密。本书即是讲述了诸如政治、经济、哲学、法学、社会学、历史学、军事学、人类学、考古学、心理学、教育学、伦理学、文学、逻辑学、民俗学、的相关知识,涉及到人类社会的方方面面、层层次次。其中,文学破解心灵情感,历史破解盛衰浮沉,哲学破解智慧谜底,政治破解权力规律,经济破解利益之源,法律破解社会秩序,艺术破解美学之道,如此等等,最终铸造成一把解剖文明的巨型钥匙。

　　综上所述,《社会科学--点通》一书记载了社会科学知识中最精彩的部分,从实际出发,根据读者的阅读要求与阅读口味,为读者呈现最有可读性兼趣味性的内容,让读者更加方便地了解历史万物,从而扩大青少年读者的知识容量，提高青少年的知识层面，丰富读者的知识结构，引发读者对万物产生新思想、新概念，从而对世界万物有更加深入的认识。

此外，本书为了迎合广大青少年读者的阅读兴趣，还配有相应的图文解说与介绍，再加上简约、独具一格的版式设计，以及多元素色彩的内容编排，使本书的内容更加生动化、更有吸引力，使本来生趣盎然的知识内容变得更加新鲜亮丽，从而提高了读者在阅读时的感官效果，使读者零距离感受世界万物的深奥、亲身触摸社会历史的奥秘。在阅读本书的同时，青少年读者还可以轻松享受书中内容带来的愉悦，提升读者对万物的审美感，使读者更加热爱自然万物。

尽管本书在制作过程中力求精益求精，但是由于编者水平与时间的有限、仓促，使得本书难免会存在一些不足之处，敬请广大青少年读者予以见谅，并给予批评。希望本书能够成为广大青少年读者成长的良师益友，并使青少年读者的思想得到一定程度上的升华。

2012年7月

目　录
contents

第一章

反映生活的文学

文学是一种将语言文字用于表达社会生活和心理活动的学科。文学是语言文字的艺术，是社会文化的一种重要表现形式，主要用不同的体裁表现和再现一定时期、一定地域的社会生活。按文学的思想与写作风格来分，有严肃文学和通俗文学（大众文学）两种，按时间来分，有古代文学、近代文学、现代文学和当代文学；按地域来分，有外国文学、中国文学；按读者年龄来分，有儿童文学、成人文学等；按读者群体来分，有通俗文学、民间文学、少数民族文学、宗教文学；按内容来分，有史传文学、纪实文学、奇幻文学、报道文学；按体裁来分，有小说、散文、诗歌、报告文学、戏剧、歌剧、剧本、民间传说、寓言、笔记小说、野史、童话、对联、笑话、史传、哲理、赋、骈文、小品文、文学批评、有文字剧情架构的电脑游戏与动漫；按创作理念来分，有浪漫主义文学、现实主义文学、自然主义文学等等。接下来，本章我们就以文学为中心，来分别谈一谈诸如诗歌、小说等文学体裁的发展简史，以及著名的文学流派、文学理论家等话题。

中国古代文学简史

◆ 先秦文学

先秦即秦代以前，指公元前221年秦朝统一天下以前的历史，包括原始社会、奴隶社会和早期封建社会。先秦文学主要是周代文学，尤其是春秋战国时代的文学，《诗经》、史传散文、诸子散文和楚辞是周代文学的主体。先秦文学的内容主要包括中国文学的起源、口头文学、早期书面文学和成熟的书面文学。从文学体裁的角度来说，先秦文学时期，诗歌、散文、辞赋等文学形式一应俱全。而且史传散文产生了文诰、编年、国别、谱牒等体例；诸子散文形成专题论文、论说文的体制；应用文包括典、谟、训、诰、誓、命、书信、

屈　原

盟誓、祝文、祝辞、箴、诔、铭文等文体。战国时期出现的楚辞是指以具有楚国地方特色的乐调、语言而创作的诗赋。西汉刘向编成《楚辞》，它和《诗经》共同构成中国诗歌的源头。

先秦文学是我国古代文学发生发展的最早阶段，其文学成果有古代神话、古代歌谣、我国文学起点标志《诗经》、历史散文、诸子散文、先秦寓言、《楚辞》等等，这些奠定了我国几千年文学发展的基础。西周至春秋，最重要的是儒家的原始经典"六艺"，即《礼》《乐》《书》《诗》《易》《春秋》。《春秋》是中国现存最早的一部编年简史，直接导致了《左传》的产生。《左传》是中国最早的一部叙事详细的编年体史书，也是中国最早的一部叙事文学名著，长于叙事，尤其善于描写战争。

先秦散文分为历史散文与诸子散文。其中，历史散文分为三阶段：第一阶段以《尚书》和《春秋》为代表；第二阶段以《左传》和《国语》为代表；第三阶段以《战国策》为代表。诸子散文是在先秦百家争鸣的氛围中形成的。诸子散文也分为三个阶段：第一阶段是春秋战国之交，以《论语》《墨子》《老子》为代表；第二阶段是战国中期，以《孟子》《庄子》为代表；第三阶段是战国末期，以《荀子》《韩非子》《吕氏春秋》为代表。由于先秦时代的军政特征，使得此时的文学作品基本都具有浓郁的政治味道。

◆ 秦汉文学

秦代时期是中国文学的形成期，但秦代文学稍有成就的仅李斯一人。汉代是我国文学的萌动期，辞赋是汉代文学的代表。另外，汉代的政论散文、史传文学取得了突出成就，诗歌在文学史上亦有重要地位，尤其是汉乐府民歌。汉代文学的代表人物主要有李斯、贾谊、刘安、王充、枚乘、汉赋四大家（司马相如、扬雄、班固、张衡），作品主要有《史记》《淮南子》《汉书》《古诗十九首》。其中汉赋分为骚体赋（指体制上模拟楚辞而以赋名篇的作品，以"兮"字句为主）、散体赋（也叫大赋，是汉赋的主要代表，名作有《七发》《天子游猎赋》）。汉代文学家的汉赋名作有贾谊的《吊屈原赋》、司马相如的《子虚赋》《上林赋》、张衡的《归田赋》《二京赋》、枚乘的《七发》、扬雄的《甘泉赋》、班固的《两都赋》。诗歌方面则有刘邦的《大风歌》、项羽的《垓下歌》、刘彻的《秋风辞》、司马相如的《郊祀歌》、韦孟的《讽谏诗》、班固的《咏史》、张衡的《同声歌》、《古诗十九首》中的《西北有高楼》《生年不满百》《涉江采芙蓉》《行行重行行》《迢迢牵牛星》。

汉乐府民歌《孔雀东南飞》

◆ **魏晋南北朝文学**

从汉末建安年间开始，即从公元196年到公元589年，魏晋南北朝文学共经历了393年。建安文学包括建安年间和魏朝前期的文学，以曹氏父子为中心，包括王粲、刘桢等人。这些文学家是在动乱中成长的，既有政治理想和政治抱负，又有务实的精神，不再拘于儒学，表现出了鲜明的个性，形成文学史上的"建安风骨"。三国时期的蜀国、吴国的文学处于沉寂局面，直到魏朝后期才出现正始文学。正始文学也是魏晋玄学的开创期，代表人物有何晏、王弼。正始文学的主要代表是嵇康、阮籍，他们崇尚自然，揭露礼教的虚伪。西晋武帝太

曹氏父子

康前后，文坛呈现太康诗风。

　　西晋灭亡以后，在南方经历了东晋、宋、齐、梁、陈这五个朝代，北方经历了十六国和北朝，最后由北周平北齐，隋取代北周并统一全国。时间是从公元317年到589年，东晋南北朝文学就是在这样一个南北分裂、战乱频生、朝代不断更迭的背景下发展的。西晋末年产生了玄言诗，东晋玄佛合流，以至玄言寺占据东晋诗坛达百年。南朝宋初由玄言诗转向山水诗，谢灵运是第一个写作山水诗的人，他是中国诗史的一大进步。晋宋之际出现伟大诗人陶渊明，开创了田园诗，使整个魏晋南北朝时期文学成就达到最高峰。宋鲍照在七言乐府上

做出突破，南北朝民歌则给诗坛带来清新气息。齐梁时，沈约与谢朓、王融共同创立了"永明体"，试图建立比较严格的、声调和谐的诗歌格律，并在词藻、用事、对偶等方面做了许多新探索。梁陈两代，浮靡轻艳的宫体诗成为诗歌创作主流。

　　总的说来，南北朝的文学风格大不相同。一般来说"南方清绮，北方质朴"。梁代末年，庾信促进了南北文风的交流，成为南北朝文学的集大成者。北朝散文名作有《水经注》《洛阳伽蓝记》《颜氏家训》。北方文化对南方文学也有影响，特别是在音乐、佛学方面。总之，魏晋南北朝文学的魅力在于：文学创作趋于个性化；玄学和佛教为文学创作带来新的因素；语言形式美在文学上得到很好的发展；诗化的散文即骈文兴盛，成为这时期重要的文学现象，骈文、骈赋在梁陈时期进入高峰。另外，小

说在魏晋南北朝时期已初具规模，出现了志怪小说、志人小说，奠定了中国小说的基础。魏晋南北朝文学为唐诗、唐文学的全面繁荣奠定了坚实基础。

◆ 隋唐五代文学

中国古代文学发展到隋唐五代，整个文坛出现了自战国以来前所未有的百花齐放、万紫千红的局面。这一时期，诗歌的发展达到黄金时代，唐代遗留下来的诗歌将近五万首，著名诗人约有五六十位，以李白、杜甫的成就最高。散文方面，由于古文运动，创造出许多传记、游记、寓言、杂说等新型短篇散文。小说方面，出现富于文采与意想的传奇作品。儒家的仁政思想，对杜甫、白居易等现实主义诗人的创作有明显的影响；道家蔑视礼法，独与天地往来的思想，在李白等浪漫主义诗人的作品里焕发光彩。此外佛教的流传，对王维、变文及其他讲唱文学也有很大作用。另外，传统的音乐、舞蹈、绘画、雕塑乃至日常生活的饮食、服饰等，都受到其他民族的影响。如唐代音乐即吸收外来音乐，建立燕乐、清乐、西凉、高昌等十部乐曲；舞蹈方面的剑器舞、胡旋舞等来自西域。各种艺术的发展，大大促进了文学的发展，如王维的山水诗，号称"诗中有画"，显然受到山水画的影响。音乐的发展，直接促成了词（敦煌曲子词）的诞生。

唐代文学的繁荣，也是文学本身不断发展的结果。从先秦到汉魏

李　白

六朝，文学在诗歌、散文、小说等方面都积累了丰富的遗产。唐初太宗时的虞世南、高宗时的上官仪，都是专写浮艳的宫廷诗的代表人物。武后时的沈全期、宋之问也写了大量宫廷诗，还完成了五、七言律诗形式的创造。唐代诗风转变的关键在于代表中下层地主阶级利益的新起诗人和宫廷诗人展开了斗争。高宗时，"初唐四杰"崛起，提出轻"绮碎"、重"骨气"的主张，对以上官仪为代表的宫廷诗风深表不满。他们的诗或表现从军报国的壮志，或揭发贵族生活的荒淫空虚，或抒发自己怀才不遇的悲愤。盛唐时代，唐诗的发展达到顶峰。当时，充满蓬勃向上精神的浪漫主义诗风是诗坛的主流。有以高适、岑参、王昌龄、李颀等人形成的边塞诗派；以王维、孟浩然为代表的山水诗派，描写悠闲宁静的山水田园生活；以及伟大的诗人李白、伟大的现实主义诗人杜甫。

安史之乱，是唐代由盛而衰的转折点。中晚唐时期，诗歌风格流派复杂多样，古文运动取得胜利，传奇小说发展到全盛时期，变文等通俗民间文学更是有了一定的发展。在社会矛盾复杂尖锐的形势下，诗歌创作中的现实主义潮流形成了波澜壮阔的局面。代表诗人有元结、顾况、白居易、元稹、张籍、王建、刘长卿、韦应物、李益、卢纶、韩愈、孟郊、李贺、刘禹锡、柳宗元。晚唐诗歌，无论写忧国忧民，或写爱情生活，都有相当浓厚的感伤情调。代表诗人有杜牧、李商隐、皮日休、聂夷中、杜荀鹤、陆龟蒙、罗隐等。唐亡后，藩镇割据，五代十国分裂混战。南唐、后蜀国势较强，历史较久。五代十国时期，词的创作有新的发展。后蜀在温庭筠的直接影响下，出现了花间派词人。韦庄词风格清丽疏雅。南唐词人有冯延己、李景、李煜。"千古词帝"李煜在亡国后写的词，在中国词史上留下千古盛名。

◆ 两宋辽金文学

　　宋代最著名的文学成就即是文和词。宋代是继唐代后出现的又一个诗歌高潮，这一时期的伟大诗人有苏轼、杨万里、陆游。从思想内容看，宋诗在反映民生疾苦、揭露社会黑暗、反映统治阶级内部政治斗争等方面有所扩展，但缺乏唐诗中追求远大理想的精神；在抒发民族斗争中的爱国忧国的情绪上，宋诗比唐诗炽热，出现了路振的《伐棘篇》、苏舜钦的《庆州败》、苏轼的《祭常山回小猎》。北宋灭亡后，爱国主义思想成为南宋诗歌的基调，诞生了陆游、文天祥、谢翱、林景熙、郑思肖、汪元量等爱国诗人与爱国诗篇。北宋还出现了诗文革新运动，诞生了诸如梅尧臣的《汝坟贫女》《田家语》、欧阳修的《食糟民》《边户》、王安石的《兼并》《省兵》、苏轼的《荔支叹》等作品。

　　宋代散文是我国散文史上重要的发展阶段，出现了人数众多的散文作家。所谓"唐宋古文八大家"中，宋人就占了六位（欧阳修、苏洵、苏轼、苏辙、王安石、曾巩）。宋代散文的重要成就是建立了一种稳定而成熟的散文风格：平易自然、流畅婉转。宋代散文重在说理、叙事和抒情，这一特点成为后世散文家学习的楷模。宋代的骈文不太追求辞藻和用典，而重视散文的气势和笔调，如欧阳修的《采桑子·西湖念语》、苏轼的《乞常州居住表》、汪藻的《隆佑太后告天下

唐宋古文八大家

手书》、方岳的《两易邵武军谢庙堂启》等都是出色的骈文。

词作为新兴的诗歌形式，在宋代进入鼎盛时期。宋词有"婉约""豪放"之说。婉约者，辞情酝籍；豪放者，气象恢弘。大致说来，苏辛豪放词派即革新词派，与婉约词派的不同在于：在内容上，婉约派抒写男欢女爱、伤春伤别、风花雪月、绮罗香泽；而豪放派则扩大了词的题材、提高了词的意境。南宋辛派词人，更把表现爱国精神作为词的主旨，这标志着宋词的最高思想成就。

宋代小说和戏曲为元明清小说、戏曲的大发展准备了良好的条件。宋代的小说主要是"话本"，话本原是说话人说书的底本。现存宋话本见于《京本通俗小说》《清平山堂话本》、"三言"等书。宋话本有两个特色：一是市民文学的色彩，是城市人表现自己、教育和娱乐自己的文艺。下层市民人物，第一次作为正面人物成批地在话本中涌现。二是白话文学的特点，语言是白话。描写细致生动、富生活气息。宋代的民间戏曲处在戏曲的萌芽阶段，有傀儡戏、皮影戏、歌舞戏等。

辽代文学深受唐宋文学的影响，如白居易、苏轼等人的诗文。辽代文学中，汉文文学和契丹文学并存。辽代文学作者多是帝王、后妃、朝廷重臣。耶律倍是契丹第一个大艺术家，曾作《征渤海凯旋献歌》《乐田园诗》《海上诗》，有《阆苑集》行世。耶律洪基则著有《清宁集》。辽代文学中引人瞩目的是契丹女作家，如萧观

皮影戏

音、萧瑟瑟。辽代文学多反映贵族社会生活和统治阶级内部矛盾，描绘出北国的生活图景，具有浓重的地方色彩和民族情调。

从现存作品来看，金代文学实际上主要是指金代的汉文文学。女真原是东北境内的游牧民族，骁勇剽悍、

西厢记

长于骑射。金人灭北宋后不久，皇室贵族在很大程度上汉化，大力提倡汉文化，尊孔读经。金初文学由来自辽、宋的文人学士构成，如宇文虚中、蔡松年、高士谈、吴激、张斛等。词作方面，以吴激、蔡松年名声为最。金中叶，著名文学家有蔡珪、刘迎、党怀英、王寂、赵沨、王庭筠、周昂等人。金朝最著名的文学形式是院本杂剧和诸宫调。诸宫调是种有说有唱、以唱为主的讲唱文学，在当时金朝的都城中都（今北京）很流行，产生了《刘知远诸宫调》《西厢记诸宫调》两部颇有影响的作品。总的说来，金代文学反映了女真贵族统治

下的北中国的社会现实。其中北曲的形成为元代杂剧的发展和繁荣创造了条件。

◆ 蒙元时代的文学

元代的历史不长，自1271年忽必烈将蒙古王朝改国号为大元至1367年元亡，只有短短的96年。元代文学中最突出的成就表现在戏曲方面，后人常把"元曲"和"唐诗""宋词"并称。元代散文和小说，基本继承了宋代的成就。世称元代古文两大家的姚燧和虞集，他们的散文也多为碑志和应制之作。元代小说的代表作有陆显之的《好儿赵正》《三国志平话》等。元代

著名词人有张翥、虞集等。蒙古统一中国北方后，诗坛上活跃的依旧是金代诗人，如元好问、麻革、张宇、曹之谦等，他们的诗作大都眷恋金室。蒙古贵族重武轻文，尊崇军事人才、鄙薄文士。直到忽必烈时才改变政策，此时如刘秉忠、郝经、许衡、刘因、杨果等写了些诗词，但诗坛并没有出现新气象。这些参加新政权的人的作品大多流露出一种想做官又想归隐的矛盾心情。忽必烈统一南北初期，汉族作家的诗词，在不同程度上反映了对于汉族政权覆灭的哀伤和对战争给人民带来灾难的悲痛。如方回的《路傍草》、尹廷高的《过故里感怀》、仇远的《挽陆右丞秀夫》、刘诜的《感旧行》等。大德后，隐居不仕的人开始活跃起来。如赵孟頫、袁桷等人和北方的姚燧、元明善、马祖常等一起写诗，模仿汉魏，学盛唐，风格清丽。诗的内容也从对新政权的不合作改为合作。14世纪中叶元顺帝至正年间，山东、河北等地爆发农民起义，接着

江淮一带刘福通、徐寿辉、郭子兴、朱元璋等相继起义，方国珍、张士诚也率盐民起义。这时的代表诗人及作品有：张翥的《人雁吟悯饥也二章》、王冕的《伤亭户》《江南妇》《悲苦行》。当时名气最大的诗人杨维桢，爱写乐府诗。

元代文学中最著名的是戏曲，戏曲分为杂剧和散曲。散曲作家前期有关汉卿、马致远、白朴、卢挚、贯云石等，作风朴实；后期有乔吉、张可久、睢景臣、张养浩、刘时中等，辞藻清丽。名曲有马致远的《借马》、刘时中的《上高监司》、睢景臣的《高祖还乡》。元杂剧是在宋杂剧、金院本及诸宫调等基础上建立起来的。剧本的科白承袭院本，曲辞的组合主要受到诸宫调的启示，基本上是歌舞剧。元代杂剧反映了元代各阶层人们的生活，其中中下层人民的生活和感情占据了重要地位。商人和妓女形象也非常引人注目，如《老生儿》《救风尘》《金钱记》《鸳鸯被》《望江亭》。元杂剧中还有不少以

关汉卿

历史故事作题材的剧本和水浒故事戏,如康进之的《李逵负荆》、白朴的《梧桐雨》、马致远的《汉宫秋》、纪君祥的《赵氏孤儿》等。此外,元杂剧中还有神仙道化剧。元杂剧以关汉卿的作品最多、成就最大,其主要作品有《窦娥冤》《救风尘》《望江亭》《拜月亭》《调风月》《单刀会》等。关汉卿和白朴、马致远、郑光祖并称"元曲四大家"。除杂剧外,在南方还有南曲戏文,称南戏。《荆钗记》《拜月亭》《白兔记》《杀狗记》合称南戏四大名剧。高明的《琵琶记》,更是标志着南戏发展到了顶峰。

◆ 明代文学

明代是小说、戏曲等俗文学昌盛,而正统诗文相对衰微的时期。明代文学分为前后两个阶段。从明初到正德年间是明代文学前期,从嘉靖年间到明亡是明代文学后期。其中,明代前期文学产生了著名的长篇小说《三国志演义》《水浒传》。因元末农民大起义,大部分地区陷入战火之中。在作家群中,刘基和宋濂是受朱元璋征召而参加

施耐庵

起义军的著名文人，施耐庵是张士诚义军中的人物，罗贯中则是奔走五湖四海的作家。因此，罗贯中和施耐庵能够在民间流传的三国、水浒故事的基础上，写成《三国志演义》和《水浒传》，对后来的历史演义和英雄传奇小说的创作有着巨大影响。明代前期文学在诗文领域也出现了一些揭露社会弊病的作品，刘基、宋濂、高启是这时期重要的诗文作家。此外还有刘东生、贾仲明、杨景贤等人创作的杂剧。

随着明王朝的逐渐稳定，封建统治者为强化统治，一方面大兴文字狱，一方面采取笼络手段。明太祖开设文华堂，明成祖召集文士编纂《永乐大典》；大力提倡程朱理学，明成祖命胡广等人编纂"四书"、"五经"、《性理大全》，指定为"国子监、天下府州县学生员"的必读之书；统治者对文艺创作的控制也严厉起来，对戏曲的内容注意控制，永乐九年（1411年）曾有榜文："今后乐人倡优装扮杂剧，除依律神仙道扮、义夫节妇、孝子顺孙、劝人为善及欢乐太平者不禁外，但有亵渎帝王圣贤之词曲、驾头杂剧非律所该载者，敢有收藏、传诵、印卖，一时拿送法司究治。敢有收藏的，全家杀了。"严酷的禁令在一定程度上影响了当时的文学创作。于是，文学变成了歌功颂德、消遣享乐的工具，成为宣扬了封建道德、推行教化的教材，并由此诞生了周献王朱有炖所作的《诚斋乐府》。当时有点缀升平、歌功颂德的"庆贺剧"，有荒诞迷信、消极颓废的"度脱剧"，有教忠教孝的"节义剧"。另外还有邱浚的《五伦全备记》、邵灿的《香囊记》。

在诗文领域，形成了雍容典雅、词气萎弱的台阁体，代表人物是杨士奇、杨荣、杨溥，世称"三杨"。他们的作品充满了大量的"圣谕""代言""应制"和"颂圣"之作，内容多为粉饰现实，点缀升平。小说创作，只产生了瞿佑的《剪灯新话》和李祯的《剪灯馀话》两部传奇小说。后来，台阁体引起有识之士的不满，先有以李东阳为首的茶陵诗派，后有以李梦阳、何景明为首的前七子。李东阳的散文追求典雅，诗歌效仿杜甫。前七子中的康海、王九思创作了《中山狼》《杜甫游春》等杂剧，反击了点缀升平、道德说教的创作逆流。成化年间陆续出现《连环记》《精忠记》《双忠记》《千金记》《金印记》等作品。

嘉靖后，小说、戏曲得到迅速发展，创作十分繁荣。与此同时，明代文人模拟话本进行创作，后人称"拟话本"，作品有《清平山堂话本》、冯梦龙的《喻世明言》《警世通言》《醒世恒言》、凌濛初的《初刻拍案惊奇》《二刻拍案惊奇》、周清源的《西湖二集》、于麟的《清夜钟》、佚名的《石点头》《醉醒石》《幻影》等。明代长篇小说可分为四类：①讲史小说，为通俗演义、英雄传奇小说的初期。作品有余邵鱼的《列国志传》、甄伟的《西汉通俗演义》、谢诏的《东汉通俗演义》、无名氏的《续编三国志后传》、杨尔曾的《东西晋演义》、无名氏的《隋炀帝艳史》、袁韫玉的《隋史遗文》、熊大木的《唐书志传通俗演义》《南北两宋志传》《大宋中兴通俗演义》、纪振伦的《杨家府演义》、无名氏的《云合奇踪》《承运传》、孙高亮的《于少保萃忠全传》、无名氏的《警世阴阳梦》、乐舜日的《皇明中兴圣烈传》、陆

《西游记》

15

云龙的《辽海丹忠录》、无名氏的《平虏传》等。②神魔小说。作品有《西游记》、无名氏的《续西游记》、董说的《西游补》、罗懋登的《三宝太监西洋记通俗演义》、无名氏的《封神演义》、吴元泰的《东游记》、余象斗的《南游记》《北游记》、朱名世的《牛郎织女传》、邓志谟的《许仙铁树记》《吕仙飞剑记》《萨真人咒枣记》等。③世情小说。作品有《金瓶梅》《吴江雪》《玉支玑》等。④公案小说。作品有李春芳的《海刚峰先生居官公案传》、余象斗的《皇明诸司公案传》、无名氏的《龙图公案》。

戏曲领域，明代后期继元杂剧之后出现繁荣期，产生了杰出的剧作家汤显祖。这时期的杂剧运用南曲或南北合套，有人称为"南杂剧"。著名作品有：现实时事剧，如《鸣凤记》《金环记》《忠孝记》《壁香记》《去思记》《冰山记》《请剑记》《鸣冤记》《不丈夫》《清凉扇》《磨忠记》；讽刺

剧，如《东郭记》《郁轮袍》《真傀儡》《玉禅师》《一文钱》；爱情剧，如《牡丹亭》《玉簪记》《玉镜台记》《娇红记》；传奇戏曲，如《目连救母劝善戏文》《赋归记》《陈情记》《红梨记》。另外还有《四美记》《全德记》《香山记》《梦境记》《归元镜》。另外，戏曲创作的繁荣也促使理论探索。曲学著作有徐渭的《南词叙录》、王世贞的《曲藻》、魏良辅的《曲律》、何良俊的《曲论》、臧懋循的《元曲选序》、吕天成的《曲品》、王骥德的《曲律》、祁彪佳的《远山堂曲品》《远山堂剧品》。

明代后期在诗文方面，出现了沈周、文征明、祝允明和唐寅等吴中诗文作家，他们的诗风平易清新。此外，明代后期的民歌也有所发展，出现了《闹五更》《寄生草》《罗江怨》《哭皇天》《乾荷叶》《粉红莲》《桐城歌》《银纽丝》《打枣竿》《挂枝儿》等民曲，冯梦龙收集的《山歌》，是当

时民歌最完备的集子。综观明代文学，文学成就最高的即是《三国志演义》《水浒传》《西游记》《金瓶梅》《牡丹亭》等几部作品。

珀匙》、洪升的《长生殿》、孔尚任的《桃花扇》；清初的小说有陈忱的《水浒后传》、钱彩的《说岳全传》、蒲松龄的《聊斋志异》。

到了康熙后期，诗歌不再以表

◆ 清朝文学

清代诗、词、散文、小说、戏曲都取得重要成就，清初的文人学者普遍存在反清的民族思想。黄宗羲、顾炎武、王夫之是这时期最杰出的思想家和学者。他们的散文表现出了强烈的民族思想和不同程度的民主思想，超越晚明散文。清初重要的爱国遗民诗人有归庄、吴嘉纪、阎尔梅、钱澄之、屈大均、陈恭尹等。钱谦益和吴伟业是清初的重要作家。清初著名散文家还有魏禧、侯方域、汪琬、陈维崧。清初词坛主要有陈维崧、阳羡派词、朱彝尊、浙派词、纳兰性德词等。清初的戏曲有吴伟业的《秣陵春》、李玉的《牛头山》《清忠谱》、朱素臣的《十五贯》、叶时章的《琥

桃花扇

现民族矛盾与阶级矛盾为主，而是致力于艺术技巧的追求，内容以抒情吊古、模写山水为主。这一时期的著名诗人有施闰章、宋琬、查慎行、赵执信等。雍正、乾隆时期清朝进入"盛世"，封建经济呈现最后的繁荣。官吏贪污，统治者奢侈腐化、穷兵黩武，逐渐激化暂时缓和的社会矛盾。雍正朝的吕留良

央视《红楼梦》

白莲教八路兵马总指挥王聪儿

遗书，乾隆朝的胡中藻、彭家屏等文字狱，以及奖励考据学，实际上起着引导文人钻入脱离现实斗争的学术研究中去的作用；乾隆朝利用编修《四库全书》的机会，大量销毁不利于清廷的书籍。这时的作家，屈服于朝廷的钳制压力，迷惑于"盛世"的表面承平，出现了著名诗人沈德潜、袁枚、蒋士铨、赵翼、张问陶、厉鹗、钱载、黎简、黄景仁、郑燮等，形成元明以来所没有的盛况。散文方面，产生了以方苞、姚鼐为代表的桐城派散文。骈文作家有胡天游、袁枚、吴锡麒、孔广森、汪中、洪亮吉、邵齐焘等。词坛有厉鹗。小说有吴敬梓的《儒林外史》、曹雪芹的《红楼梦》、纪昀的《阅微草堂笔记》、袁枚的《新齐谐》。

乾隆后期社会矛盾激化起来，从嘉庆初年到道光二十年鸦片战争之前（1796—1840年），清朝趋于没落。人民的反抗斗争日趋加强，爆发了白莲教、天理教等起义。当时的文人，眼看"盛世"面貌的逐渐幻灭，处在暴风雨前夕的沉闷、窒息中，已不如前。散文方面，有恽敬、张惠言、李兆洛的阳湖派；桐城派有梅曾亮、管同。词方面有张惠言、周济的常州派，受温庭筠、周邦彦、吴文英的影响较深。诗方面有王昙、孙原湘、舒位等，被称为继袁枚、蒋士铨、赵翼"乾隆三大家"之后的"后三家"。此时最著名的作家是龚自珍，他的作品带有启蒙主义思想，被称为近代文学的先锋。小说较著名的是李汝珍的《镜花缘》。总之，清代是中国最后一个封建王朝，也是中国古代文学史的最后阶段。

中国近现代文学史

近代文学是指1840年鸦片战争至1919年五四运动前夕的文学，即旧民主主义革命阶段的文学。到了近代，由于帝国主义列强的侵略，反帝反封建的旧民主主义革命文学，直接继承发展了清初至清中叶的爱国主义文学传统，成为文学发展的主流。总之，近代文学的成就在于它的反帝反封建的进步主流，它的出现为"五四"新文学运动准备了一定的历史条件。道光、咸丰年间，部分地主阶级开明派开始睁眼看世界，厌弃程朱理学和乾嘉朴学，而研究"经济"之学，强调"通经致用"。文学在理论上也提出了要为现实政治斗争服务的思想，出现了进步的文学新潮流。首开文学新风气的是以龚自珍、魏源、林则徐等为代表的开明派以及张际亮、汤鹏、姚燮、贝青乔等。还有当时的太平天国领袖们，他们的诗文作品提倡朴实明晓的文风，直接为革命斗争服务。与此同时，传统诗文出现了"宋诗运动"和桐城派中兴。"宋诗运动"以模拟宋诗为贵，由程恩泽、曾国藩倡导，主要作家有何绍基、郑珍、莫友芝等。桐城派古文产生了梅曾亮等著名作家，形成"中兴"局面。而经学家阮元，提倡以《文选》为范本，形成与桐城派古文对立的扬州派骈文。此外，词则有"常州派"，周济提出"诗有史，词亦有史"的主张。小说在当时主要是"狭邪小说"和"侠义公案小说"。

清代同治、光绪年间，文学上的代表人物有黄遵宪、康有为、梁启超、谭嗣同、严复等。戊戌变法前后，梁启超提出了"诗界革命""文界革命"和"小说界革命"的主张。梁启超和谭嗣同、夏曾佑作"新诗"，主张"崇白话而废文言"，强调小说对社会改良的作用，他们还特别重视"政治小说"，宣传政治主张、政治理想，直接为改良运动服务。翻译文学的兴起，也是改良运动的一个重要内容。严复、林纾是这时著名的翻译家。

从20世纪初到五四运动前夕，是资产阶级民主革命取得伟大胜利又转为失败的时期。1905年成立了以孙中山为首的"中国同盟会"，创办了机关刊物《民报》。革命报刊和文学期刊纷纷出现，文学团体"南社"在1909年正式成立，文学为政治服务的目的更加明确。这时诗歌的突出成就是以南社为中心，以南社诗人柳亚子、高旭、陈去病、马君武、周实等为代表，慷慨高歌民族民主革命。秋瑾即是这时最杰出的女诗人。青年作家邹容则采取通俗化的古文。小说方面，出现了陈天华的《狮子吼》。戏剧说唱方面，汪笑侬改良了京剧，黄吉安改良了川剧，话剧团体春柳社、众化团也相继出现。

现代文学是在中国社会内部发生历史性变化的条件下，广泛接受外国文学影响而形成的新文学，建立了话剧、新诗、现代小说、杂文、散文诗、报告文学等新体裁，在叙述角度、抒情方式、描写手段上都具有现代化的特点。现代文学发端于"五四"新文学运动和文学革命。"五四"文学革命的先驱者提出了"国民文学""平民文学"的口号，以表现普通人民生活、改造民族性格和社会人生为文学的根本任务，展示了"批判封建旧道德、旧传统、旧制度""表现下层人民的不幸""改造国民性""争取个性解放"等主题。中国左翼作家联盟成立以后，明确了以大众化作为无产阶级文学运动的中心，正面表现中国共产党所领导的群众斗争和塑造觉醒中的工人、农民形象，显示了文学与人民的结合。此外，还出现了以鲁迅、叶圣陶、冰心、朱自清等为代表的文学研究会，开创了中国现代文学现实主义的传统，为现实主义文学的发展开辟了广阔的道路。鲁迅的短篇小说《呐喊》《彷徨》达到了时代、民族思想艺术的高峰，《阿Q正传》堪称中国现代文学的奠基之作。以郭沫若、郁达夫为代表的创造社，以闻一多、徐志摩为代表的新月社，以田汉为代表的南国社等，开创了现代文学浪漫主义的传统。

抗日战争时期，民族危难使作家与人民有了共同命运，"为艺术而艺术"的作家走出个人小天地。"文章下乡、文章入伍"成为抗战初期不同政治艺术倾向的作家的共同要求，爱国主义成为文学的重大主题。在革命现实主义文学领域产生了茅盾《子夜》这一里程碑式的作品，出现了巴金、老舍、曹禺、丁玲、张天翼、沙汀、艾芜、吴

鲁　迅

组缃、李劼人、叶紫、萧红、萧军、殷夫、蒲风、艾青、臧克家、夏衍等革命现实主义作家，以及沈从文、戴望舒、施蛰存、何其芳等浪漫主义作家。郭沫若的《屈原》《女神》，是革命浪漫主义艺术的高峰。1942年，毛泽东《在延安文艺座谈会上的讲话》鲜明提出了"文艺为以工农兵为主体的人民大众服务"的根本方向。生活在革命根据地的作家由于长期深入工农兵群众生活，也获得了创作上的新成就。赵树理的《小二黑结婚》《李有才板话》、丁玲的《太阳照在桑乾河上》、周立波的《暴风骤雨》、李季的《王贵与李香香》、

贺敬之与丁毅的《白毛女》等作品，为社会主义时期革命现实主义文学的发展提供了有益经验。

中华人民共和国成立后，人民在中国历史上第一次成为国家的主人，作家获得了深入工农兵和表现工农兵的自由及各种物质上的保证。社会主义祖国的统一和团结促进了各兄弟民族文学的发展，出现了诸如老舍（满族）、沈从文（苗族）、纳·赛音朝克图（蒙族）、黎·穆塔里甫（维吾尔族）、李乔（彝族）、李准（蒙族）、玛拉沁夫（蒙族）、陆地（壮族）、金哲（朝鲜族）、晓雪（白族）、康朗甩（傣族）等优秀文学家。在50、60年代的新中国形成了强大的文学潮流，出现《红旗谱》《创业史》《红岩》《茶馆》等优秀社会主义文学作品。1979年召开的中国文学艺术工作者第四次代表大会，在解放思想、总结历史经验的基础上，重新明确了"文艺为人民服务，为社会主义服务"的方向，出现蒋子龙《乔厂长上任》、高晓声《陈奂生上城》《陈奂生转业》、谌容《人到中年》等作品。除传统的农村题材继续受到重视之外，知识分子题材、工业题材、军事题材、历史题材均得到发展，显示了文学与时代、人民更加紧密与广泛的结合。

欧洲文学发展简史

从文学的思想与写作风格而言，有严肃文学和通俗文学（大众文学）之分。按体裁，文学可分为口头文学、书面文学、网络文学三类；按时间，文学可分为古代文学、近代文学、现代文学和当代文学；而按地域，文学则可分为外国文学、中国文学。接下来，我们就来谈一下世界文学的发展简史。

◆ 古希腊文学

古希腊包括今巴尔干半岛南部、小亚细亚半岛西岸和爱琴海中的许多小岛。古希腊文学经历了英雄时代、大移民时代、民主时代和希腊化时代四个阶段。英雄时代是指公元前12世纪至公元前8世纪这一时期，又称荷马时代，主要成就是神话和史诗。古希腊神话分为神的故事、英雄传说两部分。地位最显赫的神是居住在奥林匹斯山上的十二个主神。作品有《阿喀琉斯的愤怒》《荷马史诗》；英雄传说包括赫拉克利特的传说、忒修斯的传说、伊阿宋的传说等。希腊神话是整个西方文学的源头。大移民时代是指公元前8世纪至公元前60世纪这一历史时期，这段时期的文学成就包括抒情诗和寓言。古希腊抒情诗分为双行体诗、讽刺诗、琴歌和牧歌。著名的诗人有卡利诺斯、西摩尼德斯、梭伦。古希腊抒情诗中，成就最高的是琴歌，代表人物是女诗人萨福，名作有《致阿那克托里亚》，被柏拉图称为"第十个

缪斯"。合唱体琴歌，成就最高的是品达，其诗作多半是歌颂神、歌颂奥林匹克运动的。此时产生了《伊索寓言》，《伊索寓言》主要通过一些动物的言行来寄寓道德教谕，体现了古希腊人的智慧。民主时代是指公元前6世纪到公元前4世纪，这一时期是古希腊文学的黄金时代，成就最高的是戏剧。古希腊悲剧源于祭祀酒神狄俄倪索斯的庆典活动。亚里士多德认为悲剧的目的是要引起观众对剧中人物的怜悯和对变幻无常之命运的恐惧，由此使感情得到净化。最早的悲剧作家包括"戏剧之父"忒斯庇斯、科里洛斯、埃斯库罗斯、索福克勒斯

阿里斯托芬和索福克勒斯

和欧里庇得斯。古希腊喜剧源于祭祀酒神的狂欢歌舞和民间滑稽戏，大半是政治讽刺剧和社会讽刺剧，三大喜剧诗人分别是克拉提诺斯、欧波利斯和阿里斯托芬。希腊化时代指公元前4世纪下半叶，这一时期马其顿的亚历山大征服了整个希腊，将希腊文明传播至东方，史称希腊化时代。此时的文学成就主要是新喜剧和田园诗。所谓新喜剧，是相对于阿里斯托芬时代的"旧喜剧"而言的，其特征是不谈政治、回避严肃话题，而更多的表现社会风俗。米南德是古希腊新喜剧的先驱和代表人物，作品主要有《恨世者》《萨摩斯女子》。忒奥克里托斯是希腊化时代田园诗的首创者，创作了著名的《牧歌》。

◆ 古罗马文学

古罗马文学是指公元前后繁荣于古罗马政权（包括罗马共和国、罗马帝国）下的文学，从公元前240年算起。罗马城建立于公元前8世纪，古罗马的文化主要是继承希腊文化而发展起来的，因而染上了浓厚的希腊色彩。在西方，古罗马文学被认为是广义的拉丁文学。与古希腊海洋民族不同，古罗马文学具有理性精神和集体意识，重视修辞与句法。但是却缺少希腊文学生动活泼的灵气。从严格的意义上来说，欧洲文学史上的"小说"就诞生于古罗马时期。彼特隆纽斯的《萨蒂里卡》广泛记录了意大利南部半希腊化城市流行的享乐生活，是欧洲文学史上的第一部流浪汉小说。还有公认的"小说之父"——阿普列尤斯，其最著名的作品是小说《金驴记》。在编年史和传记文学方面，代表人物包括塔西佗（著作包括《历史》和《编年史》，历史观是"个人创造历史"）、普鲁塔克（代表作品是《希腊罗马名人传》）和苏维托尼乌斯（代表作品是《罗马十二帝王传》《名人传》）。

古罗马文学经历了三个阶段，即共和时代、黄金时代和白银时代。共和时代即公元前240年—前30年，利维乌斯·安德罗尼斯库是古罗马文学的奠基人，翻译了荷马史诗《奥德赛》和大量古希腊抒情诗；诗人埃纽斯的史诗《编年史》追溯罗马的历史，被尊为"古罗马文学之父"；普劳图斯是共和时代最著名的剧作家，作品包括《孪生兄弟》《俘虏》《商人》《驴》《蝗虫》等；泰伦提乌斯写过六部喜剧，包括《婆母》《两兄弟》等。黄金时代即公元前100年—17年，是拉丁文学包括修辞、历史和哲学的辉煌时期，涵盖"西塞罗时期"和"奥古斯都时期"。古罗马帝国在奥古斯都治下，拉丁语文学和艺术出现空前繁荣。此时出现的著名作家及作品有：卢克莱修的传世之作——《物性论》；卡图鲁斯，黄金时代成就最高的抒情诗人；贺拉斯，代表作品包括《长短句集》《闲谈集》《歌集》《诗艺》。白银时期即公元17—130年，这一时期的文人继续了黄金时期末年的作家们崇尚文风的花哨、新奇和滥用修辞的倾向，过多地使用了强调、对称和警句点缀等修辞手段，使文体显得逼挤、臃肿，给人

过度雕琢的感觉。白银时期在铭文诗和讽刺诗的创作方面，个别作家取得了令人瞩目的成就。塞内卡兴趣广泛，颇多论述，但罗马皇帝卡利古拉对他的哲学著作的评价是：满是沙子，缺少粘合的成分；塞内卡的侄子卢肯是那个时代最出色的诗人之一，创作了继《埃涅阿斯纪》之后最好的史诗《法萨利亚》，以共和派的笔调描写了一场轰轰烈烈的战争；散文作家普鲁塔克的《希腊罗马名人传》人物刻画生动；阿普列尤斯的《金驴记》被看作是最早的长篇小说。

◆ 欧洲中世纪文学

中世纪文学是指欧洲各国中世纪时期的文学。中世纪文学分为三个阶段：从罗

圣　母

马帝国衰亡至公元1000年为早期，是封建社会的形成期，也是教会文学的年代；从1000年至1300年为兴盛期，市民文学开始崛起，英雄史诗大量出现；从1300年至15世纪是衰落期，意大利文艺复兴出现。中世纪时期出现了宗教文学、英雄史诗、骑士文学、骑士抒情诗、骑士传奇、城市文学。宗教文学的代表是《圣经》，中世纪的《圣经》是诸多神学家反复编纂和修订而成的，以拉丁语（天主教会）和希腊语（东正教会）写成。《圣经》由《旧约》和《新约》组成。中世纪时期的大部分宗教文学都是在圣经故事和使徒行传的基础上扩充的。圣奥古斯丁是基督教的先哲之一，著述有《忏悔录》和《上帝之城》。另一位著名神学家是圣托马斯·阿奎那，著述有《神学大全》和《反异教大全》。西班牙神学家贡萨洛·德·贝尔塞奥是学士诗的鼻祖，创作了许多圣母赞歌，代表作品《圣母显圣记》。中世纪宗教文学最盛行的是宗教剧，是教会普

及宗教知识、煽动宗教情绪最有效的方式。可以说，宗教剧是欧洲近代戏剧的雏形。

中世纪欧洲是英雄史诗繁荣的时期。这一时期的英雄史诗可分为两类，一类反映蛮族处于氏族社会末期的生活，代表作包括日耳曼人的《希尔德布兰特之歌》、盎格鲁—萨克逊人的《贝奥武甫》以及冰岛的《埃达》和《萨迦》。《贝奥武甫》是迄今最古老的英国叙事诗，《希尔德布兰特之歌》则是古代高地德语文学中最古老的杰作。《萨迦》和《埃达》是中世纪斯堪的纳维亚文学的代表作。英雄史诗具有异教精神，所以受到天主教会的严重摧残。另一类史诗以歌颂英雄为主，但表现的却是封建君臣、主仆关系和骑士制度，代表作有法国的《罗兰之歌》、西班牙的《熙德之歌》、德国的《尼伯龙根之歌》和古罗斯的《伊戈尔远征记》等，其中《罗兰之歌》是西欧封建社会英雄形象的象征。

从10世纪开始，由于手工业和

农业的分工、商业的发展，西欧各国产生了城市，并形成了从事工商业的市民阶层。中世纪城市文学的发展同城市斗争及"异端"思想有着密切的关系，适应了市民对文化娱乐的要求。城市文学多数是民间创作，有强烈的现实性和乐观精神，歌颂市民或农民个人机智和聪敏，反映了萌芽中的资产阶级的精神特征。法国的城市文学最发达。"韵文故事"是法国最流行的城市文学类型，其特点是故事性和讽刺性都很强。作品无情地嘲讽骑士和僧侣的丑态，暴露市民阶层的贪婪自私，成就最高的是《列那狐传奇》和《玫瑰传奇》。在抒情诗方面，吕特勃夫是第一个优秀的市民抒情诗人，他的作品大多描写自己的贫苦生活，讽刺僧侣和贵族。弗朗索瓦·维庸是这一时期成就最高的抒情诗人，代表作是《歌集》和《遗言集》，他以嘲弄的冷眼审视社会。在英国，农民运动在文学上也有所反映。英国威廉·兰格伦的长诗《农夫皮尔斯》是英国农民运动的直接产物；英国流行的《罗宾汉瑶曲》描写劫富济贫的绿林好汉的生活；英国中世纪还有一个著名的诗人乔叟，他的代表作包括《公爵夫人书》《声誉之宫》《百鸟议会》《坎特伯雷故事集》。其中《坝特伯雷故事集》是英国中世纪文学成就最高的市民文学。

骑士文学是欧洲骑士制度的产物，也是中世纪欧洲特有的一种文学现象。骑士要把荣誉看得高过一切，要在为封建主和"心仪的贵妇人"的冒险和效劳中获得功名。这些特征都体现在骑士文学中。中世纪骑士文学包括骑士抒情诗和骑士传奇两种。骑士抒情诗最早产生于法国南部的普罗旺斯，普罗旺斯诗人是西方文学中最早出现的"行吟诗人"，著名的有"破晓歌"。德国和西班牙也有骑士阶层的诗人，包括德国的瓦尔特·福格威德，西班牙的伊尼科·门多萨、胡安·梅纳。骑士传奇大都是写骑士为了爱情、荣誉或宗教信仰，表现出冒险游侠的精神。中世纪的骑士文学包

括三个系统：古代系统、不列颠系统、拜占廷系统。其中，古代系统指模仿古希腊罗马文学的作品，如《亚历山大传奇》《特洛伊传奇》《埃涅阿斯传奇》。不列颠系统主要是围绕古凯尔特王亚瑟的传说发展起来的作品，主要写亚瑟王和他的圆桌骑士的故事。代表作家及作品有法国诗人克里蒂安·特鲁瓦、德国行吟诗人埃森巴赫。15世纪英国出现的《亚瑟王之死》是这一系统成就最高的著作。拜占庭系统主要是以拜占庭流传的古希腊晚期故事写成的作品。代表作作为《奥迦生和尼哥雷特》。此外西班牙的骑士传奇也非常繁荣，代表作是《阿马迪斯·德·高拉》，该书曾被视为培养完美骑士的教科书。

中世纪的市民戏剧也非常繁荣，包括独白剧、道德剧、傻子剧和笑剧四种。法国的市民戏剧产生了两个剧团"法院书记剧团"和"傻子剧团"。著名剧作包括比埃尔·格兰高尔的《傻王的把戏》和笑剧《巴特兰律师的笑剧》等。

15世纪后半期，西班牙戏剧达到成熟水平，代表人物包括胡安·恩西纳（将中世纪宗教剧转变成情节复杂的戏剧）和费尔南多·罗哈斯（代表作《塞莱斯蒂娜》）。中世纪意大利诗歌非常兴盛，孕育了文艺复兴，产生了伟大诗人但丁。西西里诗派是意大利第一个诗歌流派，代表诗人是雅科波·伦蒂尼。托斯卡尼诗派在13世纪下半叶诞生于意大利的佛罗伦萨和比萨，开拓了著名的"温柔的新体"诗，主题是歌颂女性和爱情，代表诗人包括圭多·圭尼泽利、圭多·卡瓦尔坎蒂。但丁·阿利吉耶里是中世纪意大利最伟大的诗人，代表作有《新生》《神曲》。神曲分为《地狱》《炼狱》《天堂》三部分，是西方文学历史上最伟大的作品之一。

◆ 文艺复兴时期的文学

文艺复兴时期的文学包括人文主义文学、民间文学和封建文学，其中人文主义文学占主导地位。文艺复兴时期的文学是欧洲近代文学的开端。意大利是文艺复兴运动的发源地，因而意大利的人文主义文学出现最早，主要作家是彼特拉克和薄迦丘。彼特拉克是人文主义的先驱，作品是《歌集》；乔万尼·薄迦匠是第一个通晓希腊文的人文主义者，作品是《十日谈》，勇敢地向教会的禁欲主义提出了挑战。15世纪中叶以后，意大利民间文学兴盛起来，著名作家是卢多维科·阿里奥斯托，代表作为长诗《疯狂的奥尔兰多》。这时，德国人文主义文学代表作品是埃拉斯慕斯的著名《愚蠢颂》和乌利希·胡登的《蒙昧者书简》；马丁·路德是德国宗教改革的领袖，著有赞美诗《我主是坚固堡垒》，被称为16世纪的《马赛曲》；托马斯·围采尔有《致阿尔斯特德人民书》；德国民间文学以《梯尔·厄伦史皮格尔》《淳士德博士传》为代表。16世纪法国文学以具有平民倾向的弗朗索瓦·拉伯雷为代表，他是欧洲最重要的人文主义作家之一，其长篇小说《巨人传》对教会和封建法律给予了尖锐的讽刺。

16、17世纪，西班牙文学进入"黄金时代"，产生了流浪汉小说，最早的为《小癞子》，顶峰作品是塞万提斯的《堂·吉诃德》。《堂·吉诃德》一书以犀利的讽刺笔锋对西班牙的上层统治阶级进行了无情的鞭挞和嘲骂，对人民的苦难寄予深切的同情。米盖尔·塞万提斯·萨阿维德拉是西班牙文艺复兴时期最杰出的现实主义小说家，作品有历史剧《奴曼西亚》、

塞万提斯

短篇小说《惩恶扬善故事集》、长诗《巴尔纳斯游记》以及《八出喜剧和八出幕间短剧集》，基本主题是反封建。在戏剧上的代表是剧作家洛卜·德·维伽，作品有《羊泉村》，奠定了西班牙民族戏剧的基础。

英国文学是文艺复兴时期欧洲

文学的顶峰。著名的作家及作品有：杰弗利·乔叟，代表作是《坎特雷故事集》；托马斯·莫尔，主要著作《乌托邦》，是一部对话体幻想小说；人文主义诗人埃德曼·斯宾赛，代表作是《仙后》；英国16世纪文学中成就最大的是戏剧，在莎士比亚之前出现了约翰·李利、罗伯特·格林、托马斯·基德、克里斯托弗·马洛等剧作家，其中托马斯·基德著有《西班牙悲剧》、克里斯托弗·马洛著有《帖木儿》《马尔他岛的犹太人》《浮士德博士的悲剧》；莎士比亚是欧洲文艺复兴时期的代表作家，他的戏剧作品主要有：历史剧、喜剧，如《亨利四世》《亨利五世》《仲夏夜之梦》《亨利八世》《第十二夜》《威尼斯商人》《一报还一报》；悲剧，如《罗密欧与朱丽叶》《裘力斯·凯撒》《哈姆莱特》《奥瑟罗》《李尔王》《麦克白》《雅典的泰门》；传奇剧，如《暴风雨》。

◆ 十七世纪欧洲文学

17世纪，意大利康帕内拉的乌托邦小说《太阳城》和伽利略的哲理著作，还保留着文艺复兴运动的力量；德国格里美尔豪生的小说《西木卜里其西木斯奇遇记》，还可看到文艺复兴时期现实主义激流的微波，是"德国十七世纪文学高峰"。此时意大利、德国文学发展的另一重要方面是夸饰主义文学流派——巴洛克文学的兴起。17世纪英国文学的成就有：宫廷古典主义盛行一时，代表人物是桂冠诗人约翰·德莱顿；另外还有约翰·班扬，主要作品是《天路历程》。17世纪英国文学的主要成就是革命诗人弥尔顿及其政治散文《为英国人民声辩》、诗剧《力士参孙》，以及两部长诗《失乐园》和《复乐

耶稣被钉在十字架上

园》，诗中的撒旦以金钱、荣誉、权势、常识等引诱耶稣，企图使耶稣放弃拯救人类的理想，表现了不屈不挠的革命精神。

17世纪法国文学的成就有：路易十三时期，朗布叶夫人组织"贵族沙龙文学"。17世纪上半期的法国文坛处于混乱状态，有些作家主张消除文坛况，提倡文艺创作应该遵循统一的原则，服从王权的支配。于是在王权的扶植下，一种拥护专制政体，主张创作有法则、有规范，并以古代希腊文学为标准的文学流派迅速兴起，被称为"古典主义"。古典主义在戏剧方面的成就最突出，出现了以高乃依、拉辛为代表的悲剧作家和以莫里哀为代表的喜剧作家。高乃依所著的悲剧《熙德》，被认为是法国古典主义悲剧的奠基作。拉辛代表作有《安德罗马克》和《费德尔》。莫里哀是17世纪法国最重要的喜剧作家，作品有《可笑的女才子》《丈夫学堂》《妇人学堂》《伪君子》《唐璜》《恨世者》《悭吝人》《无

病呻吟》。17世纪法国戏剧遵循"三一律"，即时间、地点、动作的统一。也就是说，一个剧本的情节只能限制同一事件，事件发生在同一地点，剧情只能在二十四小时之内。在文艺理论方面，布阿洛的诗体文艺理论著作《诗的艺术》和亚里士多德的《诗学》并举。这一时期，还出现了寓言诗人拉封丹。

◆ 十八世纪欧洲文学

18世纪的欧洲发生了第二次反封建的思想革命运动——启蒙运动。其口号是"自由、平等、博爱"，并且出现了启蒙文学。启蒙文学的特点是具有鲜明的倾向性和教诲性，以及强烈的现实主义倾向。18世纪下半期，欧洲还流行感伤主义文学。感伤主义崇尚感情，力图以情动人。具体来说，18世纪的英国文学家及作品有：笛福发表《鲁滨逊飘流记》，标志着英国现实主义小说的产生；撒谬尔·理查逊，作品有《美德受到了奖赏》《克拉丽莎》；多比亚斯·斯摩莱

特，作品《蓝登传》；感伤主义的代表作家有哥尔斯密斯和斯泰恩，感伤主义即从斯泰恩的小说《感伤的旅行》而来；讽刺作家斯威夫特，代表作是《格列佛游记》；菲尔丁是十八世纪英国最杰出的小说家，作品有《约瑟·安德鲁传》《大伟人江奈生·魏尔德传》《汤姆·琼斯史》和《阿米利亚》。

18世纪的法国文学家及作品有：18世纪，法国文坛上出现了批判封建社会的讽刺性写实文学，其中最重要的作家是勒萨日，作品是流浪汉小说《吉尔·布拉斯》；启蒙学者孟德斯鸠，他的书信体讽刺小说《波斯人信札》是启蒙文学的代表作，开哲理小说之先河；博马舍，他的两部剧作《塞维勒的理发师》《费加罗的婚姻》作为大革命的先兆载入史册；著名作家伏尔泰，作品有《查第格》《天真汉》《老实人》；狄德罗，法国新一代启蒙主义者的代表、《百科全书》的组织者和主编，作品有《修女》《宿命论者雅克》《拉摩的侄

儿》；卢梭，他的小说《新爱洛绮丝》是最重要的文学作品，此外还有《爱弥儿》《忏悔录》。

18世纪的德国文学家及作品有：18世纪德国启蒙运动发生了全国性的文学运动，克林格尔的剧本《狂飙突进》代表了这一文学思潮的精神。狂飙突进运动是德国文学史上一次反封建斗争的高潮，其精神领袖是赫尔德尔。狂飙突进运动的作家中，青年时代的歌德和席勒是最主要的代表。歌德的《铁手骑士葛兹》《少年维特的烦恼》、席勒的《强盗》《阴谋与爱情》是这一运动中出现的最出色的作品。除此之外，歌德的其他作品还有《塔索》《威廉·迈斯特的漫游年代》《亲和力》《诗与真》《浮士德》。德国启蒙文学的代表人物是高

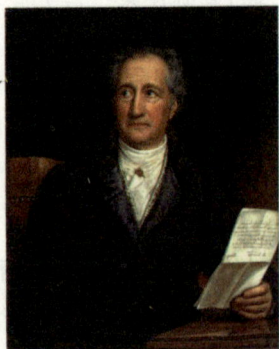

歌德

特舍特、莱辛。其中，莱辛是德国民族文学的奠基人。

◆ 十九世纪欧洲浪漫主义文学

浪漫主义文学的鼎盛时代是法国资产阶级大革命时期，即18世纪90年代到19世纪30年代。浪漫主义文学在政治上反对封建制度，不再刻意突出人的理性，而是深入发掘人类的感情世界，通过瑰丽的想象和夸张的手法塑造特点鲜明的人物形象。在创作风格上，浪漫主义文学以想象力丰富的构思和跌宕起伏的情节为主要特征。浪漫主义文学着重表现作家的主观理想，抒发强烈的个人感情。这也是浪漫主义文学的本质特征。浪漫主义文学将大自然和资本主义文明对立，着力歌颂大自然。一般说来，浪漫主义文学是反对古典主义的。

浪漫主义首先于18世纪末在德、英、法等国兴起，很快形成全欧性的文学思潮。下面，我们就来简单了解一下19世纪各国浪漫主义文学的著名作家及作品。

19世纪德国文学的著名作家及作品有：史雷格尔是德国浪漫主义理论的奠基者。他通过浪漫派刊物《雅典娜神殿》宣传和古典主义对抗的文学主张，打出"浪漫主义"的旗号；霍夫曼是德国晚期浪漫主义文学中影响较大的作家，他善于用荒诞离奇的形象和情节来揭露讽刺社会的黑暗面，他认为恐怖、病态、庸俗、丑恶交织在一起，人物受着神秘力量的支配，无法主宰自己的命运。代表作是《侏儒查赫斯，绰号朱砂》；海涅是德国19世纪著名的革命民主主义诗人，恩格斯称赞他是"德国当代最杰出的诗人"。

19世纪英国文学的著名作家及作品有：英国的浪漫主义文学代表19世纪欧洲浪漫主义文学的最高成就。第一代浪漫主义诗人是华兹华斯、柯勒律治和骚塞。他们隐居于昆布兰湖区，被称为"湖畔诗人"。华兹华斯是"湖畔诗人"中声望最高的，他的著名作品是与柯勒律治合写的《抒情歌谣集》。他认为"诗是人和自然的形象""所有好诗，都是强烈感情

的自然流露"，诗人"是人性最坚强的保卫者""他所到之处都播下人的情谊和爱"。华兹华斯提倡采用人民日常生活的语言来写诗，主张诗歌语言散文化，反对矫揉造作。他的主张成为英国浪漫主义文学的纲领。英国第二代浪漫主义诗人主要代表人物是拜伦和雪莱。雪莱的作品有《无神论的必然性》《麦布女王》《伊斯兰起义》《解放了的普罗米修斯》《云》《致云雀》《西风颂》。拜伦的作品有《东方叙事诗》（共六篇即《异教徒》《阿比道斯的新娘》《海盗》《莱拉》《柯林斯的围攻》《巴里西纳》）《唐璜》《恰尔德·哈洛尔德游记》。

亚非拉美洲文学史

从文学的国家地域观来说，整个人类文学可以划分为古希腊文学、古罗马文学、爱尔兰文学、非洲文学、美国文学、英国文学、意大利文学、希腊文学、西班牙文学、印度文学、中国文学（台湾文学、香港文学）、朝鲜文学、德国文学、伊朗文学、日本文学、法国文学、巴西文学、俄国文学（苏联文学）等。亚非文学是其中重要的组成部分，尤其是亚洲文学代表着古老的东方智慧。大约公元前5000年，尼罗河流域的古埃及人已经开始农业生活，翻开了人类古老的文明史。古埃及文化有自然崇拜、法老崇拜和亡灵崇拜的思想。产生于新王国时期的宗教诗歌集《亡灵书》就是一部关于冥界信仰的产物，包括颂神诗（对太阳神拉或冥王的颂扬）、祈祷诗（表现亡灵对冥王的崇敬忠诚）劝诫诗以及神话诗、歌谣和咒语等。《亡灵书》和《阿顿太阳神颂诗》《尼罗河颂》代表了古埃及宗教诗的主要成就。古埃及还有许多歌谣、箴言、故事，比如《能说善道的农夫的故事》《赛努西故事》《遭难水手的故事》《厄运被注定的王子》《两兄弟的故事》《威纳蒙旅行记》《普塔霍蒂普箴言》等。总之，古埃及文学在题材或体裁上对古希伯来文学、古希腊文学、中古东方文学都产生了深远影响。

古巴比伦文学是两河流域文化最繁盛时期的文学，产生于公元前19世纪至公元前17世纪的古巴比伦王国时期。公元前1894年，居住于阿拉伯沙漠边缘地区的阿摩利人打败了阿卡德人，建立了巴比伦王国。公元前538年，波斯王居鲁士创立新巴比伦帝国，开始了另一种文化。苏美尔文学有神话传说等文学作品，比如有太阳神夏马西、风雨神恩利勒、英雄吉尔伽美什的叙事史诗等，这些对希伯来文学、波斯文学和阿拉伯文学都产生了重要影响。著名作品有《伊什妲尔赴冥府》《印尼娜降入冥府》《吉尔伽美什》。公元前3000年左右，属于闪族的迦南人在古迦南（今巴勒斯坦地区）创造了鼎盛的迦南文化。

公元前1500年左右，闪族的另一支希伯来人从两河流域的幼发拉底河畔入侵迦南，土著的迦南人将入侵者叫做"希伯来人"，意为"从河那边过来的人"。希伯来人创作了犹太教的经典——《旧约》。《旧约》同希腊晚期文化和拉丁文化合流，为基督教的创立提供了重要条件。《旧约》的主要文学形式包括神话传说、故事性的作品、诗歌和小说四类，名篇有《创世记》《出埃及记》《撒母耳记》《士师记》等。希伯来文学中价值最高是的诗歌，如《耶利米哀歌》《诗篇》《雅歌》等；"智慧文学"双璧——《传道书》与《约伯记》被誉为世界哲理诗最优秀的作品之一；《路得记》与《以斯帖记》被认为是古代世界文学史上最早的和成熟的小说。

印度是个宗教化的国家，种姓是印度带有浓厚宗教色彩的等级制度，包括婆罗门（种姓之首，掌神权的祭司僧侣）、刹帝利（掌政权的军事贵族）、吠舍（包括农牧工

商等社会生产者）、首陀罗（失地或破产的下层成员。还有处在社会最底层、被称为"不可接触者"的"贱民"。古代印度文学包括公元前15世纪至公元前5世纪的吠陀文学、约公元前5世纪至公元5世纪的史诗往世书文学、约公元前后至公元6世纪的古典文学三个时期。与印度河相比，恒河享有"母亲之河"的盛誉。公元前3000年，印度河流域的达罗毗荼人创造了基于生殖崇拜的农业文明，开创了印度文化史上的吠陀时代。公元前323年，月护王旃陀罗多·孔雀建立了著名的孔雀王朝，他的孙子阿育王被认为是世界历史上最杰出的国王之一。公元4世纪初，汲多王朝兴起，汲多王朝是古代印度文化史的

恒河

顶峰时期。印度经典文学作品有"吠陀本集"，包括《梨俱吠陀》《娑摩吠陀》《夜柔吠陀》《阿达婆吠陀》。"吠咜本集"是记录上古时期哲学、宗教、巫术、礼仪、风俗和社会思想的文献，后演化为印度各教所崇奉的神圣经典。其中的哲理诗对《奥义书》以及整个印度哲学产生了巨大影响，抒情诗成为印度世俗文学的源头，对话诗为史诗、戏剧奠定了基础。"吠咜本集"主要反映上古印度神话传说、原始宗教、社会生活、自然景观等，歌颂了天神因陀罗、火神阿耆尼、酒神苏摩和水神伐楼拿等吠陀时代的神。《梨俱吠陀》是印度现存最古的诗集，《阿达婆吠陀》是一部巫术咒语诗集。吠陀文学时期使用的吠陀语逐渐演化为成熟的古典梵语，成为古代印度的文化语言。吠陀文献中已有一些佛教传说故事，如佛教文学《本生经》是世界上最古老的寓言故事集之一，为小说的生成提供了雏形。其他寓言故事集还有《五卷

书》《故事海》《僵尸鬼故事集》《益世嘉言集》等。最著名的长篇小说有波那的《迦丹波利》《戒日王传》和檀丁的《十公子传》。

印度史诗往世书文学主要包括《摩诃婆罗多》《罗摩衍那》两大史诗和《薄伽梵往世书》等往世书。《罗摩衍那》被认为是"最初的诗";《摩诃婆罗多》习惯上被视为"历史"或"历史传说",是一种以文学形式撰写的关于哲学、宗教、道德、历史、政治、法制和风俗等的往世书。"往世书"是指用诗体写成的非纯粹文学性著述。史诗往世书文学还包括远古传说时代的帝王世系源流、仙人家族谱牒、宗教经律训诫等。印度古典文学中比较发达的是诗歌、戏剧、寓言故事及长篇小说。马鸣的长篇叙事诗《佛所行赞》是梵语古典文学中最早的作品之一,描述佛陀释迦牟尼从出生直到涅磐的生平事迹;最流行的格言式小诗是伐致呵利的《三百咏》;迦梨陀娑的《罗怙世系》和《鸠摩罗出世》以及抒情长

诗《云使》均是古典梵语诗歌的典范;古代印度最杰出的戏剧家迦梨陀娑创作了《沙恭达罗》《优哩婆湿》《摩罗维迦和火友王》三部名剧;薄婆菩创作了《茉莉和青春》《大雄传》《罗摩传后篇》;首陀罗迦创作了《小泥车》。

拉丁美洲是美国以南所有美洲地区的通称,包括中美洲、西印度群岛和南美洲。其中主要使用西班牙语的国家,称为"西班牙美洲";把巴西包括在内的,则称为"伊比利亚美洲"。拉丁美洲文学分为3个系统:西班牙美洲文学、巴西文学、安的列斯文学。拉丁美洲文学所反映的社会内容是相似的,这些国家历史上都长期处于殖民统治之下,目前仍多数处于不发达状态,都存在着一个努力建立民族文学的问题。拉丁美洲文学从时间角度来分可分为史前时期、殖民地时期、独立革命时期、民族文学繁荣时期、当代文学时期。史前时期,中亚美利加洲和南亚美利加洲的印第安民族建立了高度发达的

文化，但是在被征服的过程中完全被摧毁；殖民地时期处在宗主国文学的影响之下，如巴罗克文学、贡戈拉主义、人文主义思想和启蒙运动等，是拉丁美洲文学的古典主义时期，诞生了要求描写殖民地本土题材的美洲主义；独立革命时期，民族文学诞生，主要倾向为浪漫主义。其中以印第安人为题材的称为印第安主义，以某一地区生活为题材的称为地区主义，以风尚习俗为题材的称为风俗主义；民族文学繁荣时期，拉丁美洲民族文学在继续发展中要求创新，形成现代主义。现代主义文学浪潮遍及拉丁美洲所有的国家和地区，主要表现在诗歌方面。20世纪初，现实主义和自然主义小说开始兴起，其中反映印第安民族生活的，称为土著主义。黑人题材则在诗歌方面得到表现，称为黑人派诗歌；当代文学，各国、各地区的民族文学继续发展，逐渐显示出各自的特点。20世纪60年代，小说方面出现魔幻现实主义。

美国文学是指在美国产生的文学，包括美国建国前的殖民地时期文学。早期的美国文学是从欧洲文学的样式和风格中衍生出来的，代表作家有维兰德、查尔斯·布罗克登·布朗、华盛顿·欧文。美国第一位在小说和诗歌创作领域取得显著成就的是艾德加·爱伦·坡，作品包括《红死病》《陷坑与钟摆》《颓败之屋》《莫尔格街凶杀案》，将神秘、幻想等元素融入小说创作中。另外还有纳撒尼尔·霍桑，其作品包括《重讲一遍的故事》《新英格兰》《红字》；赫尔曼·梅尔维尔，代表作是《白鲸》《比利·巴德》；拉尔夫·爱默生，代表作是《自然》；亨利·梭罗，代表作是《瓦尔登湖》；马克·吐温，代表作包括《密西西比河上》《顽童流浪记》，马克·吐温的作品影响了美国的文学创作语言；亨利·詹姆斯，代表作是《黛茜·米勒》《碧卢冤孽》。19世纪，美国两位最伟大的诗人是沃尔特·惠特曼和埃米莉·迪更生。沃尔特·惠特曼"是第一位向'人类的灵魂高于肉体'的陈词滥调开炮的人"，代表作是《草叶集》；另一位诗人埃米莉·迪更生的诗作则充满灵性和智慧，深入心灵，如："由于我无法逃避死亡/死亡却对我望而却步了"。

20世纪，美国小说家将触角深入更加广泛的社会领域，他们开始关注上流社会和社会底层人们的生活。这一时期，美国文学的黄金时代到来了，出现了许多作家及作品，如：伊迪丝·华顿，代表作是《纯真年代》；斯蒂芬·克莱恩，代表作是《红色英勇勋章》《街头女郎梅季》；西奥多·德莱赛，代表作是《嘉丽妹妹》；格特鲁德·斯泰因，代表作是《三个人生》；费滋杰罗，热衷于表现美国年轻人在一次次的失败和沮丧中融入社会的过程，代表作是《大亨小传》；欧内斯特·海明威，战场上惨绝人寰的屠杀使得他痛恨抽象、空洞的文学语言，认为这样的语言只能粉饰太平、误导读者，代表作有《太阳照样升起》《永别了，武器》《老人与海》；约翰·史坦贝克，描写贫穷的工人阶层的生活，以及他们如何反抗自己的命运，是最具社会意识的作家。代表作有《愤怒的葡萄》《薄煎饼》《人鼠之间》《罐头工厂》《伊甸园东》；约翰·奇佛，美国20世纪杰出的短篇小说大师，长期供职于著名杂志《纽约客》。另外，这一时期还涌现了许多诗人，如：艾兹拉·庞德，作品晦涩难懂，经常在文学中融入其他艺术样式的元素；托马斯·艾略特，代表作是《荒原》，表现了第一次世界大战后充满敌视和偏见的社会。

20世纪20年代，美国的戏剧也得到发展。美国第一位伟大的剧作家是尤金·奥尼尔，其作品主要取材于古典神话、圣经、现代心理学等领域，代表作是《长夜漫漫路迢迢》；另一位美国本土剧作家是田纳西·威廉斯，代表作是《欲望号街车》《朱门巧妇》。20世纪50年代，美国西海岸出现了一群被称为"垮掉的一代"的作家和

艺术家。这些人热衷于爵士乐，认为战后的社会已经疲惫不堪，主张人们应在毒品、酒精和东方的神话传说中寻求新鲜体验。这一时期出现了诗人艾伦·金斯堡，其代表作是《嚎叫》；杰克·克鲁亚克，代表作是《在路上》。美国后现代主义文学家及作品主要有托马斯·品钦、威廉·加迪斯、罗伯特·库维尔、威廉·加斯、约翰·巴斯、雷蒙德·费德曼、唐·德里罗、阿诺·史密斯、弗拉基米尔·索罗金等。近些年来，美国还出现了许多边缘作家及作品，如塞林格的《麦田里的守望者》、莱斯莉·席尔柯的《美国土生子》、华裔作家谭恩美的《喜福会》、奥斯卡·黑杰罗斯的《曼波之王的情歌》、埃德蒙·怀特的《一个男孩的故事》、托妮·莫里森的《宠儿》。

值得一提的是美国南部文学，其中富有代表性的作家及作品有：威廉·福克纳，代表作是《喧哗与骚动》《押沙龙！押沙龙！》《去吧，摩西》等；杜鲁门·卡波特，代表作品是纪实文学《冷血》；诺曼·梅勒，代表作是《夜晚的大军》《五角大楼》；汤姆·沃尔夫，代表作是《太空先锋》；弗兰纳里·奥康纳，笔下的人物多半是正统的新教徒，同时迷恋上帝与魔鬼。她以其悲喜剧风格的短篇小说著称。在美国，还有一种特殊的文学——黑人文学。20世纪20年代，位于纽约曼哈顿哈莱姆区的黑人艺术家社区逐渐崛起，发动了"哈莱姆文艺复兴"运动，产生了朗斯顿·休斯、康蒂·库仑、克劳德·麦凯等诗人以及小说家佐拉·赫斯顿。佐拉·赫斯顿将传统的小说叙事与非裔美国人的口头传播的传说和历史结合起来融入人类学元素，代表作是《凝望上帝》，她的作品影响了后来的黑人女性文学。第二次世界大战后，许多黑人作家跻身于美国文学的主流，如詹姆斯·鲍德温，代表作是《乔万尼的房间》。还有拉尔夫·艾利森代表作是《隐形人》。

第二章

展现和谐的美学

第二章

　　什么是美？简单地来说，美就是大自然的一种和谐状态，和谐即美。美可以是对称的，也可以是不对称的，只要它展现出的状态是和谐的、自然的，那么它就可称作美。美学是从人对现实的审美关系出发，以艺术作为主要对象，研究美、丑、崇高等审美范畴和人的审美意识、美感经验、以及美的创造发展及其规律的科学。美学是哲学的一个分支，研究的主要对象是艺术，研究的主要内容是艺术中的哲学问题，因此被称为"美的艺术的哲学"。美学的基本问题主要包括美的本质、审美意识同审美对象之间的关系等。由于美学研究的方法是多元的，既可采取哲学思辩的方法，也可借鉴当今其他相关学科的研究方法，比如经验描述、心理分析的方法，人类学和社会学的方法，语言学和文化学的方法等。总之，"美"本身是人的一种感觉，不同的人对美有不同的感受，美学就是以对美的本质及其意义的研究为主题的学科。接下来，我们就来探讨一下诸如美学的定义、美学的研究对象、美学的发展简史、美学流派以及一些著名的美学学者及著作等话题。

美学的定义

美学是从人对现实的审美关系出发，以艺术作为主要对象，研究美、丑、崇高等审美范畴和人的审美意识、美感经验、以及美的创造发展及其规律的科学。

美学经历了四个发展时期：

一是胚胎阶段。在原始时代，原始初民开始在劳动中创造出原始的艺术，表现出对自然、社会、艺术的原始审美意识，初具美学思想的萌芽。

二是形成阶段。进入文明时代以后，随着生产力、生产方式、思维能力以及科学、艺术的发展，美学思想逐步明晰化、自觉化、理论化，并以文字记载于哲学、文艺学、伦理学、教育学等文献之中。中国的孔子、老子、孟子、庄子、王充、刘勰、苏轼、李渔、王夫之等都提出了具有独创性的美学思想。在国外，古希腊毕达哥拉斯学派、柏拉图、亚里士多德和文艺复兴后的博克、休谟、笛卡尔等哲学家，布瓦洛、莱辛等文艺理论家，狄德罗等启蒙主义者都为美学学科的诞生作了理论的和实践的准备。1750年，鲍姆加登正式提出了建立美学学科。

三是系统发展阶段。这一阶段指18世纪末至19世纪中叶时期，这一时期，德国康德建立了主观唯心主义的美学体系，黑格尔建立了客观唯心主义的辩证的美学体系，俄国车尔尼雪夫斯基使旧唯物主义美学发展到最高阶段。马克思主义美学论证了劳动实践创造美、人化的自然、人的本质的对象化、审美意识和艺术是对现实的能动反映等美

学的根本问题，使美学逐步建立起真正科学的体系，并日趋成熟。

四是现代发展阶段。这一阶段的美学研究。进一步将宏观研究与微观研究、综合研究与分门研究、理论探讨与实际应用结合起来，衍生出哲学美学、艺术美学、心理学美学、技术美学、生活美学等多种分支学科，出现了现代人本主义、现代科学主义、美学思潮和实验美学、完形心理学美学、精神分析学美学、实用主义美学、自然主义美学、表现论美学、语义学美学、分析美学、现象学美学、直觉主义美学、形式主义美学、结构主义美学、存在主义美学、解释学美学、

接受美学、符号论美学等多种流派，而马克思主义美学也有了新的开拓和长足的发展。

美学是人类社会实践、审美实践、创造美实践的产物，是对人类、个体的历时性、共时性审美、创造美实践经验的理论概括。它对于推动哲学社会科学、自然科学的发展，尤其对于文学艺术的繁荣，具有重要的理论意义，对于开展美育，促进人们树立正确的审美观点，培养健康的审美趣味，提高审美、创造美的能力，从而改造社会，美化生活，完善人性，具有重要的实践意义。

美学的发展简史

美学作为一门独立的学科是从18世纪德国的鲍姆加登开始的，但它的产生是建立在自古希腊以来历代思想家关于美的理论探讨之上

的，是以往美学理论的体系化、科学化。而古希腊以来的美学理论探讨又建立在人们审美欣赏和审美创造活动基础之上，是人们审美活动

的哲学反思。因此，我们要了解美学就必须回顾一下美学的发展简史。

考古学告诉我们：人类自脱离动物以来就开始了审美欣赏和审美创造活动。旧石器时代的山顶洞人就会用石珠、兽牙、海蚶壳等染上红、黄、绿等各种不同的颜色佩带在身上。原始人佩带的装饰品，尤其是原始艺术集中反映了人类早期的审美活动。原始艺术有诗歌、舞蹈、音乐等，而洞穴壁画与陶器则是我们今天所能见到的最早的两项原始艺术记录。前者主要以各种动物为题材，

美丽的荷花

生动细致，色彩绚丽。后者造型优美，图案丰富，色彩对比鲜明。

人们总是先有某种生活、某种现象，尔后才开始思考、探讨，并在思考、探讨的基础上建立相应的学科。对人类早期审美现象的思考、探讨始于古希腊，那时的毕达哥拉斯、赫拉克里特、苏格拉底、柏拉图、亚里士多德等大哲学家都参与了关于美的探讨和争论。但他们关于美的观点、见解常和他们关于真、善的认识混在一起，成为他们的哲学思想、道德思想、神学思

美丽的自然

想，以及政治思想和文艺思想的附庸。另外，当时也没有一部美学专著。思想家们的美学观点夹杂在政治、哲学、宗教、道德、艺术甚至史传、书札、批注等论著中，人们还没有从那些混杂交织的思想体系中为美学寻找出一个独立、特殊的研究对象。这种状况一直延续到18世纪中叶以前。

18世纪以后，随着欧洲工业革命的发展，自然科学、哲学、伦理学、心理学和文艺学等近代学科进入了逐步形成和发展的时期。尤其是与美学密切相关的哲学，自近代以来发生了认识论转向，为美学的建立提供了必要的历史条件。正是在这样的历史条件下，鲍姆加登第一次把美学和逻辑学区分开来。鲍姆加登给美学规定了独特的研究对象，并写出了美学专著，初步形成了美学学科的基本框架，探讨了美学的一些基本问题。于是，美学诞生，鲍姆加登也因此成为"美学之父"。

鲍姆加登是德国普鲁士哈利大学的哲学教授，他关于美学的主要观点集中在两个方面：一是他把美学规定为研究人感性认识的学科。鲍姆加登认为人的心理活动分知、情、意三方面，研究知或人的理性认识有逻辑学，研究人的意志有伦理学，而研究人的情感即相当于人感性认识的则有"Aesthetic"。"Aesthetic"一词来自希腊文，意思是"感性学"，译成汉语就是"美学"。1750年鲍姆加登正式用"Aesthetic"来称呼他研究人的感性认识的一部专著，这部著作后来被认为是历史上的第一部美学专著。二是鲍姆加登认为："美学对象就是感性认识的完善"。知道作品美或不美，却说不出个中缘由，这在鲍姆加登看来就属于一种模糊的、混乱的感性认识。

鲍姆加登之后，美学的发展经历了德国古典美学、马克思主义美学、西方近现代美学三个重要阶段。这里我们着重介绍一下德国古典美学。

德国古典美学开创于康德，经

由费希特、谢林、歌德、席勒的丰富和发展，至黑格尔时，它无论在思想丰富程度上还是在理论逻辑性和系统性上都达到了颠峰。康德、黑格尔是德国古典美学的代表，康德开其端，奠定了德国古典美学的基础；黑格尔则是德国古典美学的集大成者。德国古典美学以德国古典哲学为其世界观、方法论基础，并且其本身就是德国古典哲学的一个有机组成部分。康德美学是沟通他的认识论与伦理学的桥梁；谢林把艺术美作为其"同一哲学"的最高境界；黑格尔把美学置于其描述绝对观念运动全过程的最高阶段的第一个环节上；康德提出审美的先验综合判断，为德国古典美学开辟了方向；费希特的"自我"哲学和美学把康德美学的主观唯心主义成分推到极端；谢林的美学理念则转向了客观唯心主义。

歌德的美学带有浓烈的现实主义色彩，席勒则是康德到黑格尔的中介。黑格尔作为德国古典美学的集大成者，是该派美学的最主要代表。费尔巴哈美学转向唯物主义，在人本学基础上强调感性。他批判黑格尔的唯心主义，但连同辩证法也一起否定了，从而导致该派美学的衰微和终结。该派美学的代表作有康德的《判断力批判》、谢林的《艺术哲学》、席勒的《审美教育书简》、黑格尔的《美学讲演录》等。

德国古典美学的主要特点有：一是在哲学世界观上，除费尔巴哈外，基本上都是唯心主义者。二是体系完整，理论严密。除歌德和费尔巴哈外，其他代表人物都有完整的哲学、美学体系，但他们的美学具有抽象、晦涩、艰深的特点。三是思想深刻。该派美学家都是著名思想家或艺术家，他们都能抓住审美现象和艺术现象的深层本质问题，揭示出审美过程的内在规律和机制。所以德国古典美学被公认为是美学史上最深刻的美学流派。四是内容丰富，包罗万象。虽然该派代表人物研究重点各有不同，但他们几乎涉及到了有可能提出来

的全部美学基本问题。五是理性主义和非理性主义同时并存。该派代表人物都师承德国理性派哲学，故而其美学都具有理性主义基调，但由于他们中多数人坚持唯心主义，因而有些人的美学也带有了一定程度的非理性主义因素。六是充满矛盾。由于该派代表人物在世界观和方法论上的局限，使得他们的美学包含着诸多矛盾，如体系与方法的矛盾、出发点与结果的矛盾、理论自身的矛盾，等等。上述特点使得德国古典美学成为美学史上声势最大、影响最深、价值最高的美学思潮和流派。

19世纪中叶以后，美学发展流派纷呈，但总的来说有一个重要倾向，即逐渐脱离了"美是什么"的纯哲学讨论，而侧重于对"在美感经验中我们的心理活动如何"这种审美心理的描述，把美学逐渐变成一种经验描述科学。这便是美学史上所说的由"自上而下"向"自下而上"的历史转型。20世纪的美学更是形成了一股强烈的反传统潮流，它一方面是对传统形而上学的反叛和对经验实证方法的张扬，另一方面又是对理性主义的反叛和对人的非理性的张扬，并在此基础上逐步形成了科学主义美学与人本主义美学两大思潮。近现代西方美学的主要代表人物和美学思潮有德国费希纳的"实验美学"，英国贝尔的"有意味的形式"，美国杜威的"经验美学"，意大利克罗齐的"形象直觉说"，英国布洛的"心理距离说"，德国李普斯的"移情说"，弗洛伊德的"里比多"理论，以及后来的分析美学、现象学美学、存在主义美学、接受美学等。

近现代西方美学

近现代西方美学是德国古典　美学终结后，欧美各国相继产生的美学思想和流派的总称。这些思想和流派在发展过程中受到不同哲学思潮的影响，也与近代科学的发展直接相关。它们在研究途径上运用了社会学、心理学等方法，在研究对象上逐渐由探讨美的本质转向探讨审美经验。20世纪初以来，西方各国美学家出于各种需要，分别从哲学、历史学、社会学、心理学、人类学等各个学科角度研究美学问题，从而形成了各种美学流派，主要有以鲍桑葵、科林伍德为代表的表现主义美学，以桑塔耶纳为代表的自然主义美学，以托马斯·芒罗为代表的新自然主义美学，以杜夫海纳为代表的现象学美学，以克莱夫·贝尔为代表的形式主义美学，以杜威为代表的实用主义美学，以韦兹为代表的分析哲学美学，以及以苏珊·朗格为代表的符号论美学。

在近现代西方，美学的心理学研究十分盛行。

比如，立普斯的移情说、斯宾塞的游戏说、布洛的距离说等都曾流行一时；而更具影响力的是费希纳的实验美学，阿思海姆的格式塔心理学美学，弗洛伊德创立的心理分析学美学。美学的社会学研究也风行于近现代西方，如丹纳、格罗塞等人的美学。此外，美学的自然科学研究日益加强，特别是运用系统论、控制论、信息论的观点和方法进行美学研究越来越引人注意，如接受美学、信息论美学、系统论美学、控制论美学等。

近现代西方美学与传统美学相比，在研究方法上有明显区别。近

自然美

现代西方美学侧重于对审美主体特别是审美心理活动的研究，侧重于"自下而上"的实验方法，格式塔心理学美学就是最典型的代表。这主要是因为受到了自然科学的影响。从费希纳以来，美学家在心理实验及心理分析方面做了大量工作，取得了一些研究成果，但就整体美学理论而言却存在不少偏颇。近现代西方美学各流派大多回避、抹杀甚至取消对美的本质及美学基本问题的研究，对之抱不回答或不可知的态度，视这些问题为"形而

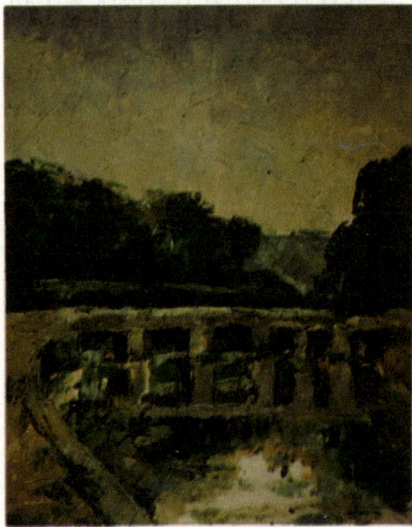

西方油画

上学"，主张建立所谓的"开放性体系"，展开多角度的研究。这虽然使美学研究范围扩大，研究领域得到拓宽，并在个别方面取得了一定进展，但总的说来带有明显的主观唯心主义和反理性主义特征，有的则走向了美学研究的神秘主义。

从哲学思想渊源角度来说，近现代西方美学各流派与近现代西方哲学各流派、艺术各流派之间存在着千丝万缕的联系。它们彼此呼应、配合，相互影响、制约，起着双向互动的作用，特别是对艺术各流派的创作有重要影响，如形式主义对唯美主义艺术的影响、表现说对表现主义艺术的影响、符号论对抽象主义艺术的影响等。

近现代西方美学的一个突出特点就是它与生产实践、科技发展、日常生活之间联系密切，一些新的美学分支学科和美学边缘学科，如技术美学、环境美学、建筑美学、商品美学等陆续兴起。这一方面反映了生产、科技和社会生活的发展造成了美学发展的必然趋势，另一

方面也反映了近现代西方美学在美学的普及和应用方面取得的成就和所达到的程度。

总之，近现代西方美学的内容五花八门，派别林立，貌似百花齐放跃，实则鱼龙混杂。但是，近现代西方美学在艺术美学研究、审美心理学研究等方面确实取得了不少成就，影响也较大，可以为我们批判地吸收，用以丰富、发展马克思主义美学。不过，如果从总体上看，近现代西方美学缺乏有系统的理论建树和综合性的理论概括，因而显得支离破碎，不成系统。

美学学者及著作

美学是哲学的一个分支，研究的主要对象是艺术，研究的是艺术中的哲学问题，因此被称为"美的艺术的哲学"。美学的基本问题主要是美的本质、审美意识以及审美对象之间的关系等。美学研究的方法是多元的，既可采取哲学思辩的方法，也可借鉴当今其他相关学科的研究方法，比如经验描述、心理分析的方法，人类学和社会学的方法，语言学和文化学的方法等。总之，"美"本身是人的一种感觉，不同的人对美有不同的感受。而美学就是以对美的本质及其意义的研究为主题的学科。下面我们就来介绍中外美学史上一些著名的美学学者及著作。

◆ 朱光潜与《西方美学通史》

朱光潜（1897—1986年），美学家、文艺理论家、教育家、翻译家。笔名孟实、盟石，安徽桐城人，我国现代美学的奠基人和开拓者。青年时期在桐城中学、武昌高等师范学校学习，后肄业于香港大学文学院。1921年，朱光潜发表

了白话处女作《福鲁德的隐意识说与心理分析》，随后发表《行为派心理学之概略及其批评》《进化论证》等读书心得。1922年，他在《怎样改造学术界》一文中，倡导培养"爱真理的精神""科学的批评精神""创造精神"和"实证精神"。1924年，他与叶圣陶、胡愈之、夏衍、夏丏尊、丰子恺等成立立达学会，创办立达学园，倡导教育的自由独立。

朱光潜在20世纪30年代至40年代认为，在美感经验中，心所以接物者只是直觉，物所以呈现于心者只是形象。因此美感的态度与科学的和实用的态度不同，它不涉及概念、实用等，只是聚精会神地对一个孤立绝缘的意象的观赏。解放后，朱光潜接触到马克思主义，提出了美是主客观的辩证统一的美学观点，认为美必须以客观事物作为条件，加上主观的意识形态或情趣的作用使物成为物的形象，然后才是美。20世纪60年代，朱光潜强调马克思主义的实践观点，把主观

视为实践的主体"人"，认为客观世界和主观能动性统一于实践。朱光潜沟通了西方美学和中国传统美学，沟通了旧的唯心主义美学和马克思主义美学，沟通了"五四"以来中国的现代美学和当代美学，是中国现当代美学史上最负盛名的美学大师。

朱光潜的著作主要有《文艺心理学》《悲剧心理学》《谈美》《诗论》《谈文学》《克罗齐哲学述评》《西方美学史》《美学批判论文集》《谈美书简》《美学拾穗集》；翻译作品有爱克曼的《歌德谈话录》、柏拉图的《文艺对话集》、莱辛的《拉奥孔》、黑格尔的《美学》、克罗齐的《美学》、维柯的《新科学》、路易哈拉普的《艺术的社会根源》和《柏拉图文艺对话集》。其中《西方美学史》是中国人撰写的第一部系统的西方美学论著，它奠定了中国的西方美学史的研究范式和书写体例。它主要包括：美学研究的对象；研究美学史应以历史唯物主义为指南；希

腊文化概况和美学思想的萌芽；文艺复兴时代；法国新古典主义；英国经验主义；法国启蒙运动；德国启蒙运动；意大利历史哲学派；德国古典美学；俄国革命民主主义和现实主义时期美学；"审美的移情说"；美的本质问题；形象思维；典型人物；浪漫主义和现实主义等内容。

◆ 美学家克罗齐

克罗齐（1866—1952年），意大利著名文艺批评家、历史学家、哲学家、美学家。他在精神哲学、历史学、历史学方法论、美学领域颇有成就。克罗齐发展了一种"精神哲学"，他称之为"绝对理想主义"或"绝对历史主义"，关注在特定的时间与地点中的生活状态的人的经验。因为现实扎根于内心存在，而内心存在只能来源于现实经验，所以克罗齐将美学视为其哲学的基础。克罗齐的哲学方法论表现在他对精神或心智的划分上。他先从理论上划分精神活动，再从实践

上划分精神活动。理论上的精神活动包括审美和逻辑，其中审美最重要，包括直观和历史观；逻辑包括概念和关系。实践的精神活动则包括经济学和伦理学。这里的经济学是指所有的世俗事务。克罗齐认为审美由美驱动，逻辑以真理为目的；经济学关注有用之事务，而道德伦理关系着善良。克罗齐同时认为历史应由哲学家来写，将历史看成"运动中的哲学"。

克罗齐生于意大利阿布鲁佐区

美学家克罗齐

的佩斯卡塞罗利。十六岁时，他放弃天主教信仰，形成了个人的精神生活观。他认为宗教只是一种历史的习俗，人们可以在其中释放出创造性的力量。克罗齐曾被任命为公共教育部部长，并于1910年当选意大利参议院议员。克罗齐在一战期间公开反对意大利参战，认为这是一次自杀性的贸易战争。墨索里尼窃取国家政权之后，克罗齐的生活受到了墨索里尼政府的严重威胁，他的住宅和图书馆遭到法西斯军警的查抄。克罗齐的作品主要有《美学》《逻辑学》《实践活动的哲学》。

◆ 美学家鲍姆加登

鲍姆加登是德国普鲁士哈利大学的哲学教授，理性主义哲学家、美学家。鲍姆加登关于美学的主要观点集中在两个方面：一是把美学规定为研究人感性认识的学科。鲍姆加登认为人的心理活动分为知、情、意三方面。研究知或人的理性认识有逻辑学，研究人的意志有伦理学，而研究人的情感即相当于人感性认识则应有"Aesthetic"（意思是感性学，即美学）。二是鲍姆加登认为美学对象就是感性认识的完善。1750年，鲍姆加登的美学专著《美学》出版。从此，美学作为一门独立的学科正式宣告成立，而鲍姆加登也被人们尊崇为"美学之父"。

第三章

规范社会的法学

　　"法学"这一用语的拉丁文Jurisprudentia，至少在公元前3世纪末罗马共和国时代就已经出现，该词表示有系统、有组织的法律知识、法律学问。古罗马法学家曾给"法学"下过一个经典性的定义："法学是关于神和人的事物的知识；是关于正义和非正义的科学。"德文、法文、英文以及西班牙文等西语语种，都是在Jurisprudentia的基础上发展出了各自指称"法学"的词汇，并且其内容不断丰富，含义日渐深刻。

　　法学是关于法律问题的学问，在我国先秦时期被称为"刑名法术之学"，或者"刑名之学"。据考证，虽然"律学"一词的正式出现是在魏明帝时国家设立"律博士"以后，但是，自汉代开始就有了"律学"这门学问，主要是对现行律例进行注释。我国古代"法学"一词最早出现于南北朝时代，然而，那时所用的"法学"一词，其含义仍接近于"律学"。中国古代的"法学"一词与来自近现代西方的"法学"概念有着很大区别。

　　法学科涉及不同国家和不同文化的法学原理、法律体制、法律程序，并对其进行系统的比较研究。本章就来谈一谈有关法学的概述、简史、流派、法学学者及著作等话题。

法学的定义

法学，又称法律学、法律科学，是研究法、法的现象以及与法相关问题的学科。法学是关于法律问题的知识和理论体系，是社会科学的重要分支学科。法学思想最早源于春秋战国时期的法家哲学思想。法学，在先秦时被称为"刑名之学"，汉代开始称为"律学"。在西方，古罗马法学家乌尔比安认为"法学"是人和神的事务，是正义和非正义之学。现代意义上的法学，是指研究法律的科学。西方法学涉及的内容极为广泛，通常包含古希腊、罗马奴隶制社会、西欧封建社会以及近现代西方资产阶级的法学或法律思想。

人类历史上积累了丰富的法律文化。除中国外，古埃及、古希腊、古罗马、古两河流域、古印度以及中世纪伊斯兰教各国均有自己独具特色的法律文化。在以雅典为代表的古希腊城邦，尽管成文法并不多，也没有职业法学家，但在当时的哲学、政治学、伦理学、文学等著作中，均探讨了关于法的许多基本问题，如：法是神授还是人定；法的基础是权力还是自然、正义或理性；法和民主、自由、平等的关系等。这些思想对后世西方法学一直影响深远。与古希腊不同，古罗马的成文法（主要是私法）和法学极为发达。在罗马帝国前期，第一次形成了职业法学家集团，第一次出现了法律教育和法学学派，第一次出现了法学著作。罗马五大法学家之一的盖尤斯的《法学阶梯》就是最早的西方法学著作。

欧洲中世纪，由于天主教会在政治、经济上占有很大势力，教会神学在思想领域中居于垄断地位，

法学与哲学、政治学等都成了神学的附庸。中世纪中后期，随着资本主义经济在封建社会内部的出现，形成了一种以恢复和研究罗马法为核心的法学，即自12至16世纪相继出现的意大利的注释法学派、评论法学派以及法国的人文主义法学派。通过这三个法学流派，罗马法在欧洲大陆得到了广泛传播，从而为欧洲大陆以罗马法为基础的统一的资本主义法律的形成创造了有利的条件。与欧洲大陆不同的是，英国中世纪的法主要是普通法。这种情况表明：民法法系（又称大陆法系）是在罗马法的基础上发展起来的，而普通法法系（又称英美法系）是在英国普通法的基础上发展起来的。

17至18世纪资产阶级革命时期最为盛行的法律思想是古典自然法学派，主要代表人物有荷兰的格劳秀斯、英国的霍布斯和洛克、法国的孟德斯鸠和卢梭。这些法学家的学说反映了新兴资产阶级反封建压迫、争取民族独立的思想，为诸如《独立宣言》、《人权宣言》、资产阶级民主法制等奠定了理论基础。这些法学家的学说极大提高了法在社会中的地位，创立了宪法、国际法等新的法律学科，使政治学、法学摆脱了神学的束缚。诸如典型的资本主义社会法典《拿破仑法典》，就是在这些法学家的学说思想基础上制定的。

19世纪，随着资本主义统治的确立，古典自然法学派渐趋衰落，兴起的是历史法学派、分析法学派和德国古典唯心主义哲学家的哲理法学派。同时在欧洲大陆开展了编纂法典的活动，比较法学、行政法学随之兴起。另外，随着欧洲国家

孟德斯鸠

的殖民扩张，普通法法系和民法法系的影响扩展到世界其他地区，西方两大法系逐渐确立起在世界范围的地位。

20世纪，西方法律和法学的一个重大问题就是"法的社会化"问题，即强调法不仅应保护个人权利，而且应着重保护社会利益。二战后发生了新的科技革命，国家垄断资本主义空前发展，国家经济职能大大增强，资本主义国家政府也更多地采用改良、让步和福利主义政策。在这种条件下，资产阶级统治相对稳定，资本主义民主和法制有了不同程度的发展，主要体现在以下几个方面：一是德、意、日三国在战后通过新宪法，建立了资产阶级民主法制；二是主要资本主义国家中的人权和公民权利有所扩大，宪法和法律监督进一步加强；

三是立法重点从私法转向公法，新的公法、公法化的私法、公私混合法大量出现；四是在立法指导思想上，已从17至19世纪的理性主义、概念论法学转向现实主义、利益多元论和折衷主义，在强调法律重大作用的同时承认其局限性；五是在法律形式上，采用单行法、特别法的形式制定、修改了若干重要法典；六是对司法组织和程序进行改革，加强法官解释法律的权利，形成"法官创制的法律"的现实；七是大陆、英美两大法系逐步靠拢，国际立法增多；八是法学领域中的学派更加繁多，新自然法学、新分析实证主义法学和法律社会学三大派别相互靠拢。同时，非法学思潮对法学的影响不断扩大，出现了经济分析法学、批判法学等新的法学派别。

知识百花园

著名的法学著作

（1）《法经》。是中国第一部比较系统的封建法典，由战国李悝编

纂，《晋书·刑法志》保存了它的篇目。《法经》从内容上分为盗法、贼法、囚法、捕法、杂法、具法六篇，是以刑为主的刑法和刑事诉讼法典。因李悝认为"王者之政莫急于盗贼"，故将盗法、贼法列于六篇之首。其中的杂法是对狡诈、越狱、赌博、贪污、淫乱、逾制等行为的惩处，具法是关于刑罚的加重和减轻的法律。

（2）《唐律》。包括《武德律》《贞观律》《永徽律》等法典。《武德律》是唐高祖时以《开皇律》为蓝本所制订的法典，于武德七年（624年）颁行。《贞观律》是房玄龄、裴弘献等人根据《武德律》编撰的法典，于贞观十一年（637年）颁行。《永徽律》是唐高祖命长孙无忌等人根据《武德律》和《贞观律》编撰的法典，篇名依次为名例、卫禁、职制、户婚、厩库、擅兴、贼盗、斗讼、诈伪、杂、捕亡、断狱等，于永徽二年（651年）颁行。《永徽律》全文保存在《唐律疏议》中。

（3）《拿破仑法典》。广义上的拿破仑法典是指拿破仑统治时期制定的五个法典，包括民法、商法、民事诉讼法、刑法、刑事诉讼法；狭义上的拿破仑法典仅指其中的民法典，即1804年的《法国民法典》，1807年9月3日正式改名为《拿破仑法典》，1818年又改名为《法国民法典》，在学术上，多称其为《拿破仑法典》。

中国古代法学思想

法学，在先秦时被称为"刑名之学"，汉代开始称为"律学"。在中国，法学源于春秋战国时期。那时是中国古代文化史上的辉煌时期，学派兴起，百家争鸣。儒、墨、道、法四家中的法家法律思想对中国有着深远的影响。下面我们首先来介绍一下诸子百家的法学思想。

儒家的法律思想：主张"德治""礼治"或"人治"，反对"法治"，实行"德主刑辅"。强调主要依靠道德、礼仪教化手段并由圣君、贤臣来治理国家，法律（刑罚）只能作为辅助手段。

墨家的法律思想：从"兼相爱，交相利"，即从人们互爱互利的社会信念出发，主张以"天的意志"作为法的根源，以天为法，顺法而行。该思想还认为饥寒是犯罪的原因，应重视生产和节约；要求选拔贤才，执法严明公正。

道家的法律思想：认为国家应实行"无为而治"，即"我无为而民自化，我好静而民自正，我无事而民自富，我无欲而民自朴。"他们既反对儒家的"人治"，也反对法家的"法治"，提倡以道为核心的自然法则，即"人法地，地法天，天法道，道法自然。"

墨　子

老　子

秦始皇

春秋战国时期的法律思想：主要是由以商鞅、韩非等人为代表的法家提出的。法家强调法律及其强制作用，而轻视圣贤或道德感化作用，主张"法治"，即加强君主专制和严刑峻罚。早在春秋时期，中国古代法律已开始从习惯法向成文法、从秘密法向公开法发展。战国时期，魏国李悝在各诸侯国法律的基础上制定了中国历史上第一部较完整的法典——《法经》。公元前221年，秦始皇建立了中国历史上

第一个统一的中央集权制的封建君主专制国家，采纳了法家代表人物李斯的建议，下令禁止儒生以古非今、以私学代替法律，而采用"以法为教""以吏为师"的法家思想来立法。但后来，汉武帝采纳儒家董仲舒的主张，"罢黜百家，独尊儒术"。从此，在思想领域中，儒家学说被奉为正统，儒家的法律思想垄断了法学领域长达2000年，通常所说的中国历史上的传统法律思想就是这2000年间的儒家法律思想。儒家法律思想推行政治上、思想上的专制主义，结果导致法学在中国的衰落，使中国严重缺乏法治的传统，人情世故横行。

"罢黜百家，独尊儒术"之后，继百家争鸣而起的是依照儒家学说，对以专制君主名义发布的成文法进行文字上、逻辑上解释的律学，即通常所说的注释法学。东汉经学大师马融、郑玄都曾对汉律作过注解，晋代张斐和杜预也曾对汉律作过注解。东晋后，私家注解逐渐由官方注解取代。唐代大臣长

孙无忌等人于公元652年奉诏编写《唐律疏议》，对《唐律》作了权威性的解释，与唐律具有同样的法律效力。这是中国历史上第一部完整保存的法律文献。《唐律疏议》以儒家的"德主刑辅"为主导思想，成为宋、元、明、清各代法律的典范。《唐律》对当时的日本、朝鲜、越南等国的法律也有重大影响，因而人们通常将以《唐律》为代表的中国封建法律以及其他国家仿照《唐律》而制定的法律统一称为中华法系或中国法系。

在法学教育方面，三国魏明帝时即设律博士，专门传授法学。这一官制一直延续到宋，至元代才被废除。元、明、清时，中国法学日趋衰落。1740年编成的《大清律例》是中国封建社会最后一部法律。西方现代法学思想传入中国是在1840年鸦片战争后，当时的中国社会正逐步转变为半殖民地半封建社会，法律制度和法律思想领域也发生了相应变化。诸如康有为的《大同书》、孙中山的三民主义和五权宪法思想、严复所翻译的西方名著中都包括了西方18至19世纪流行的法律思想，包括民主主义、自由主义、进化论等方面的内容。

具体来说，严复等人在中国传播的主要是西方法理学方面的思想，而以沈家本为代表的政府官员则主要传播西方法律制度，特别是基于罗马法的民法法系法律制度。沈家本是晚清时期著名的法学家，他任修订法律大臣时，主持了中国历史上第一次仿照西方模式改革中国传统法律的工作。他还派遣政府

严　复

官员和学生出国考察和学习西方法律，聘请日本法学家来中国修订法律和讲学。1906年，沈家本创立中国第一所近代法律学校，还组织翻译了大量外国法律。

　　1911年辛亥革命后至1949年中华人民共和国建立前，西方各种资产阶级法律思想陆续传入中国。与此同时，马克思主义法学思想也开始传入中国。1949年中华人民共和国成立后，独具中国特色、适应中国国情的中国社会主义法律体系逐步建立并完善，为我国社会主义现代化建设的方方面面提供了法制保障。

法系的主要类别

◆ 英美法系

　　英美法系，又称普通法法系、英国法系、判例法系，英美法系是指以英国普通法为基础的法律体系，在西方国家中是与大陆法系并列的一种法系。英美法系首先产生于英国，后扩大到曾是英国殖民地、附属国的国家和地区。18至19世纪，随着英国殖民地的扩张，英国法被传入如美国、加拿大、印度、巴基斯坦、孟加拉、马来西亚、新加坡、澳大利亚、新西兰以及非洲等国，最终使英美法系发展成为世界主要法系之一。英美法系有两大支流，即英国法和美国法。

　　英美法系的特点主要有：以英国为中心，英国普通法为基础；以判例法为主要表现形式，遵循先例；变革相对缓慢，具有保守性和"向后看"的思维习惯；在法律发展中，法官具有突出作用；体系庞杂，缺乏系统性；注重程序的"诉讼中心主义"；以日耳曼法为历史渊源；法官对法律的效力举足轻重；以归纳法为法律推理方法；在法律体系上，不严格划分公法和私法。

谈起英美法系，我们不得不说一说其发展历史。英国从11世纪起，以源于日耳曼习惯法的普通法为基础，逐渐形成了一种独特的法律制度。1066年诺曼底公爵威廉征服英国以前，英国各地流行的是盎格鲁–撒克逊的习惯法，而在英国东北部地区则流行北欧条顿人习惯法。后来，诺曼人在英国建立以国王为中心的封建土地制度，形成王权专制国家，设立御前会议（即王国法院），以其判例作为普通法，适用于全国，并由国王派出的巡回法官在各地宣传和施行这些法律。狭义的英美法系普通法即指这类判例法。

从17世纪起，随着英国的对外扩张，英国法传播到各殖民地和附属国。这些国家在独立后大都根据英国法原则，按照各自的特点和习惯，建立起自己的法律制度。目

诺曼底城堡遗址

前，属于英美法系的国家，除美国外还包括大部分英联邦国家以及一些原属英国殖民地或附属国的国家。其中，美国法对英美法系的改动最大；更改不大的有加拿大、澳大利亚和新西兰等国；而亚非、大洋洲国家的英美法则具有更多的宗教或习惯上的特点。

英国判例法还包括一种"衡平法"。"衡平法"是诞生于14世纪，与普通法并行的，适用于民事纠纷的法律原则和诉讼程序。"衡平法"产生的历史背景是：由于英国中世纪时民商事关系的发展，使得普通法的严格限制有时无法适应需要，因此英王允许臣民在无法从

社会科学一点通

美国最高法院

普通法法院获得公平处理时,由大法官以衡平(即公平、良知)的原则予以处理,而且可以停止普通法法院判决的执行。随后又设立了独立的衡平法院(即大法官法院),从而进一步发展了衡平法的运用准则。

由于中世纪英国的大法官多由僧侣担任,所以在实际的法律纠纷处理中,他们更多的是按照教会法、罗马法的某些原则来审决案件的。因此,在某种程度上来说,英国的早期判例法是一种混合性的法律体系。另外,"衡平法"最初主要是用以处理因程序欠缺或迟延等原因而造成的争讼,注重的是法律的程序公平问题,后来才逐渐发展到实体法。19世纪末,随着英国开始调整法院体系,衡平法院取消,审判权统一归于普通法法院,但英国高等法院仍设有由衡平法院演变而来的大法官法庭。与此同时,在审判实践中也不时援用衡平原则,给予衡平救助。而在其他英美法系国家中,有的国家仍保留了衡平法的某些效力,有的甚至还存在衡平法院。

当然,英美法系不仅仅有判例法,也有制定法,比如英王曾发布过的一些具有实体法或程序法内容的敕令。尤其是进入20世纪后,英国议会通过了大批立法,在某些领域如刑事案件的审判方面,其主要依据已是制定法而不是判例法了。另外,英美法系通过教法院和教职司法人员,在遗嘱继承、婚姻和海事等方面接受了罗马法的某些影响。特别是近代,由于资本主义的发展，英美法系吸收了更多的罗马法原则，如侵权赔偿、抵押回赎权等。但由于英国是较早建立中央集权的封建国家，已经形成了自己的普通法体系，并且存在大批深谙普通法的律师以及从中产生的法官集团。因而，总的说来，英美法系受罗马法的影响不大。

与单纯的大陆法系国家相比，英国的制定法有些特点，比如：①民事、刑事的实体法和程序法都没有统一的法典；②对某些特定问题，如证据、货物销售、性犯罪、盗窃罪、青少年犯罪等，虽然制定了单行法，但往往民刑不分且修改频繁。同时，同名法令多，在援用时必须注明法令颁布的年代，有的法令内容重复，甚至前后规定不一；③法令绝大部分是归纳判例而成，不论概念或原则，多来自司法习惯，因而解释和适用时往往需要借助判例来实现。

◆ 大陆法系

大陆法系，又称为民法法系、法典法系、成文法系、罗马法系、罗马–日耳曼法系。历史上的罗马法以民法为主要内容。而大陆法系则是以罗马法为基础的法律体系，产生于欧洲大陆，后扩大到拉丁族、日耳曼族各国。大陆法系以1804年的《法国民法典》和1896年的《德国民法典》为代表，形成法国法、德国法两个支流。法国、德国是大陆法系的典型代表，另外曾是法、西、荷、葡四国殖民地的国家和地区，以及日本、泰国、土耳其等，也均是大陆法系国家。

大陆法系是资本主义国家历史悠久、分布广泛、影响深远的一个法系。它在罗马法的基础上，融合其他法律，逐渐发展为世界性的法系。在大陆法系内部，有以法国民法典为代表的拉丁分支和以德国民法典为代表的日耳曼分支。下面我们就来回顾一下大陆法系的发展历史。

在罗马全盛时期，罗马统治者以武力扩大版图，强制执行罗马法，使罗马法成为"商品生产者

社会的第一个世界性法律"。日耳曼人入侵罗马后，由于日耳曼法采取属人主义原则，罗马法得以保存。公元9世纪，罗马法与日耳曼法日趋融合。12世纪，罗马法复兴运动兴起，罗马法成为西欧大陆国家的普通法，从而奠定了大陆法系的基础。

随着资产阶级革命的胜利，西欧国家的资本主义制度得以确立、巩固，于是适应资本主义经济、政治、文化的发展以及国家间交往的大陆法系获得进一步发展。首先法国在古典自然法学和理性主义思潮的指导下和罗马法的直接影响下，开创了制定有完整体系的成文法的模式，使得法国法典成为欧洲大陆各国的楷模，也标志着近代大陆法系模式的确立。随后德国在继承罗马法、吸收法国法的基础上，制定了一系列法典，使得德国法典成为资本主义又一典型的大陆法系代表。

大陆法系的基本特征主要有：

①全面继承罗马法。大陆法系吸收了许多罗马法的原则和制度，比如法人制度、物权制度、契约制度、律师制度、私人权利平等原则、遗嘱自由原则、"不告不理"原则等。同时还接受了罗马法学家的思想学说，包括他们的法律术语、概念、规范分类范畴，如法律行为、民事责任、代理、占有、不当得利、无因管理、时效、公法和私法的划分、物权和债权的分类，以及人法、物法、诉讼法等。

②实行法典化。法典不同于法律汇编，是对某一部门法的法规在有关理论的指导下，按一定体系进行全面的具有系统性的排列组合。大陆法系国家都以法典编纂作为法律统一和法制建设完成的标志，因而大陆法系国家，一般都建立除宪法外的由民法、商法、刑法、民事诉讼法和刑事诉讼法而构成的五部法典，再辅加以若干单行法规。大陆法系国家实行法典化原因有以下几个方面：一是民族统一国家观念的作用。基于这一观念，立法权是

国家主权的体现，所有法律必须由国家立法机关制定。此外，要强调立法机关对立法权的垄断，就要求明确划分立法权与司法权，需要编纂系统明确、逻辑严密的法典，以此来否定司法机关的"造法"职能。二是受古典自然法学说的影响。古典自然法学说认为，法律是理性的体现，旧的法律违反理性，必须用新法取代或进行深刻改造。新法应该是成文形式，内容须完备详尽，编排须合乎逻辑。于是在这种思想的推动下，19世纪大陆法系各国均完成了法典编纂。

中国司法标志

③立法与司法分工明确，强调制定法的权威，禁止法官"造法"。大陆法系强调，在法律渊源中，制定法具有优先效力、地位最高，而且只承认制定法、条约和习惯是法律渊源，具有正式的法律效力。而法官解释法律的任务只限于阐明法律的"真意"，司法机关适用法律是将抽象的法规运用到具体案件上。大陆法系还强调法官的解释不能侵犯立法权，只能探究立法者赋予该条文的含义，并加以遵循。大陆法系禁止法官"造法"，不承认判例的正式效力。也就是说，大陆法系的法官只能依据法律判案，而不能根据判例，不存在"遵循先例"之说。

另外，大陆法系还有如下特点：一是法律规范具有抽象性和概括性。也就是说，大陆法系各国法律规范针对并适用于一类情况，而不是仅针对并适用于特殊情况。法官的任务就是将这些规范适用于具体案件，整个审判过程表现为确定事实，找到适合于该事实的法律条

款，把条款与事实联系起来，进而做出判决。二是法学在推动法律发展过程中起重要作用。可以说，离开了法学的推动，就没有大陆法系的形成。法学对法律的发展所起的作用主要表现在：首先，是法学创立了法典编纂和立法的理论基础，如自然法、理性、民族国家理论、法律实证主义、权力分立学说等。其次，法学创造了法典编纂的内容、体系和风格，以及立法机关所适用的法律概念和词汇。再次，法

官解释法律受到法学倾向和潮流的支配。最后，法律适应社会发展需要的任务首先是由法学来完成的。因此，法学家才是大陆法系真正的主角，大陆法也就是法学家的法。

◆ 中华法系

中华法系是古代中国的封建法律和亚洲一些仿效这种法律的国家法律的总称。20世纪，自日本法学家穗积陈重提出"法系"以来，法学家绍塞尔·霍尔即将世界法系分为印欧法系、闪米特法系、蒙古法系，以及各未开化民族法系。另外还有诺尔德等人主张的法国法系、日耳曼法系、斯堪的纳维亚法系、英吉利法系、俄罗斯法系、伊斯兰法系和印度法系七大法系。而在这些法系之外，中华法系作为世界五大法系之一，可谓独具一格。具体来说，中华法系的基本特点有以下几个方面：

一是中华法系以儒家思想为理论基础，摆脱了宗教神学的束缚。汉武帝"罢黜百家，独尊儒术"

康熙皇帝

后，儒家的纲常名教成为中国古代立法与司法的指导原则，维护三纲五常成为封建法典的核心内容。另外，中国封建法律与西方不同，西方中世纪法律体系中带有浓厚的神灵色彩，宗教法规是其重要组成部分。但在中国封建法律体系中，不存在中世纪西方国家的宗教法规，儒家思想代替了神灵。

二是在中华法系中，皇帝始终是立法与司法的中心。具体来说，皇帝是最高的立法者，所发诏、令、敕、谕即是最权威的法律形式，皇帝可以一言立法，一言废法。同时，皇帝又是最大的审判官，能够亲自主持庭审，或以"诏狱"的形式敕令大臣代为审判，一切重案会审的裁决与死刑的复核均须上奏皇帝。皇帝可以法外施恩，也可以法外加刑。

三是在中华法系中，官僚、贵族享有法定特权。中国封建法律是以公开的不平等为标志。中国封建法律从维护等级制度出发，赋予贵族、官僚各种特权。从魏晋时期开始，中国封建法律便仿《周礼》八辟形成"八议"制度。隋唐时期即已确立诸如"议""请""减""赎""官当"等一系列按品级减免罪刑的法律制度。与此同时，中国封建法律还划分良贱，凡名列贱籍者在法律上便会受到种种歧视，比如，犯同样的罪：以"良"犯"贱"，处刑较常人相犯为轻；以"贱"犯"良"，处罚较常人为重。

四是中华法系竭力维护封建伦理，确认家族法规。中国封建社会

中国古代县衙

71

以家族为本位，因此，宗法的伦理精神渗入并影响着整个社会。中国封建法律不仅以法律的形式确认父权、夫权的地位，维护尊卑伦常关系，而且肯定家法族规具有一定的法律效力。在古代中国，尤其是宋代以后，封建家族法是封建国法的重要补充，在封建法律体系中有特殊地位。

五是中华法系诸法合体，行政机关兼理司法。从战国李悝的《法经》起，直到《大清律例》，中国封建法律都以刑法为主，兼带民事、行政和诉讼等内容。这种诸法合体、以刑为主的混合形式，主导着整个封建时代，直到20世纪初的清末修改律法时才得以改变。另外，在地方，通常由行政机关兼理司法事务。在漫长的封建时代，中央虽设有专门的司法机关，但其司法权力或为皇帝左右，或受宰相及其他行政机关牵制，因而很少有独立职权。

第四章

智慧凝结的哲学

哲学（Philosophia）是距今2500年前的古希腊人创造的术语。希腊语Philosophia是由philos和sophia两部分构成的动宾词组，philein是动词，指爱和追求，sophia指"智慧"。哲学（Philosophia）按其本义而言，是指爱智慧、追求智慧、追求真理。最早使用"爱智慧"和"爱智者"这两个词语的是毕达戈拉斯。

19世纪70年代，日本学者西周将希腊文philosophia译成汉文"哲学"，后"哲学"一词又被传到了中国。中国清代以前的文化典籍中并无哲学一词，只有"哲"这个词，"哲"在汉语中的基本含义是"明智""明理""明道"，"明"是动词，明智、明理、明道是动词"明"的使动用法，明智、明理或明道的意思是使被遮蔽的智、理和道显明出来，与哲学的语义相贴近。而"学"这个词有系统化、理论化的含义。"哲"与"学"两个词合在一起作为一个词语使用，指的是具有使被遮蔽的理和道以系统化、理论化的形式显明出来的含意。如果从哲学就是明智之学、明理之学、明道之学的观点来看，中国思想发展史上出现的儒学、道学、理学其实就是哲学，那么我们就可以说中国本土确实有哲学。

从古希腊到现在，哲学经历了漫长的发展过程，世界各国的哲学家们也提出了很多有关哲学的分类方法和理论，为哲学的发展做出了巨大贡献。我们这一章就来了解一下哲学的相关内容、发展情况、分类以及一些世界著名的哲学大师。

哲学的定义

所谓哲学，就是研究客观世界上的一切普遍规律的科学，就是研究自然界和人类社会发展中的一切普遍规律的科学，就是通过研究自然界、人类认识、人类种族和人类社会发展中的一切普遍规律，为人类认识、人类种族和人类社会的发展提供一切普遍适用的科学的认识方法和实践方法的科学。哲学研究规律是手段，为人类认识和实践的发展提供认识方法和实践方法是目的。归根结底，哲学就是研究人类认识发展规律的科学。抽象是哲学的根本特点，因为一切存在之间都拥有抽象的同一，这种抽象的同一是内在结构的抽象同一和外在关系的抽象同一。正是基于这种抽象的同一，我们才有可能感觉到一切存在的存在。哲学所要做的就是阐述这种抽象同一的内容。

抽象不能脱离具体而独自存在，具体的内在结构和外在关系必须遵循抽象的规律；把握抽象必须用具体，把握具体的内在结构和外在关系只能用抽象。一切具体的存在和发展都必须遵循抽象的规律；一切具体的应用学科都应该遵守抽象的哲学原理，但这必须以哲学原理的正确性为前提。

研究哲学不能脱离研究具体问题的应用学科；某一具体的应用学科的内在逻辑结构和它与其他学科的外在关系，也应该遵守抽象的哲学原理。把握抽象的哲学原理必须依赖具体的应用学科，具体的感性现象和具体的生活体验；而把握具体的应用学科的内在逻辑结构和它与其他所有学科的外在关系也只能

是哲学。

哲学的特征在于追问本质，不断反思。内容上，哲学的反思对象无所不包；深度上，哲学的反思是无穷无尽的。现实中，我们可以借用哲学的思维方式，但是不能照搬。也就是说我们能够直接关注的现实是具体而有限的，思维的不可封闭性使得我们在解决具体问题时不能进行无穷追问。

把哲学低估于现代科学是不负责任的，哲学隐藏在现实生活中的每一处，它为我们提供了一种生活的方式，如果将哲学简单的与现代科学相提并论，则成为了一种狭隘的唯科学主义。哲学的主要研究对象是物质与意识之间的关系，即唯心主义和唯物主义的对立关系。凡是承认意识是物质的产物，物质第一性、意识第二性的，称唯物主义者；凡称意识第一性，物质依赖于意识存在的，称唯心主义者。

哲学的"有用"是因为它是一切学问的万学之学；哲学的"无用"是因为它不直接致力于解决具体的问题。哲学是世界观和方法论的统一，是美好生活的向导。哲学就是用简单的说话来体现出隐含的深层意义的道理，让人们去思考和体会。哲学本身就是用来完善自己的精神修养和帮助他人完善思想的。总之，哲学是万学之学。

哲学的发展简史

"哲"一词在中国起源很早，历史久远，如"孔门十哲""古圣先哲"等词；"哲"或"哲人"，专指那些善于思辨，学问精深者，即近代西方的"哲学家""思想家"。一般认为，中国哲学起源东周时期，以孔子的儒家、老子的道家、墨子的墨家及晚期的法家为代表。实际上，在中国的《易经》当中，就已经开始讨论哲学问题。对哲学一词的介绍，最初来自希腊思想家毕达哥拉斯。

19世纪70年代，日本最早的西方哲学传播者西周借用古汉语译作"哲学"，后该词又被传到中国，渐渐通行。在西方，哲学一词通常被用来说明一个人对生活的某种看法（如某人的"人生哲学"）和基本原则（如价值观、思想、行为）。而在学术上的哲学，则是对这些基本原则的理性根据的质疑、反思，并试图对这些基本原则进行理性的重建。

最早哲学的范围涵盖所有的知识层面，是人类最抽象的知识研究。古希腊时期的自然派哲学家被认为是西方最早的哲学家，不管他们认识世界的方式是否正确，但是他们的想法之所以有别于迷信的原因在于这些哲学家是以理性辅佐证据的方式归纳出自然界的道理的。苏格拉底、柏拉图与亚里士多德奠定了哲学的讨论范畴，他们提出了有关形而上学、知识论与伦理学的问题。某些现代哲学家认为，直到今日的哲学理论依旧只是在为他们三人做注脚而已，仍离不开他们所提出的问题。换言之即使数千年后，我们或许依旧在试着回答他们所提出的问题，这也代表着我们依然为这些问题或是这些问题所延伸的更多问题而感到困惑。

由于研究领域的不同，哲学有很多分支哲学，比如按照国别、地域，可以分为东方哲学、印度哲学、中国哲学、伊斯兰哲学、日本哲学、西方哲学、古希腊哲学、德国古典哲学、俄国哲学；按照研究内容与主题，可以分为马克思主义哲学、科学哲学、生存哲学、分析哲学、文哲学、解释学、符号学、实用主义哲学、伦理学、医学伦理学、教育伦理学、政治伦理学、家庭伦理学、生命伦理学、生态伦理学、美学、美学史、艺术美学、技术美学、形而上学、现象学、过程哲学、知识论、死亡哲学、人生哲学、法律哲学、心灵哲学、墨

家哲学、比较哲学；按照时代可以分为中世纪哲学、文艺复兴时期哲学、当代英美哲学、现代哲学；按照阶级性质，可以分为马克思主义哲学、辩证唯物主义、历史唯物主义、非马克思主义哲学。

哲学的分类

关于哲学的内容如何分类的问题，自古至今，众说纷纭，莫衷一是。这里我们就来为大家介绍一些比较著名的哲学家关于哲学的分类方法：

1．亚里士多德（逍遥学派）的分类。当时哲学包括所有的学科，分为三类：（1）理论学科：数学、物学、神学；（2）实践学科：政治学、伦理学；（3）创造性学科（或译作：艺术学科）：诗学、修辞学；另外，他把逻辑学称作工具学科。

2．古希腊晚期的斯多葛派的分类。分为三类：逻辑学、物理学、伦理学。这三部分内容的范围都比现在的这几个词所指的范围要

广。斯多葛派把整个哲学比喻为田地，逻辑学是这块田地的围墙；物理学，也就是自然哲学，是田里的土壤；伦理学则是田里长成的果实。这个三分法来源于亚里士多德以前的哲学派别，特别是柏拉图的哲学。

3．中世纪的神学家托马斯·阿奎那的分类。他只是按照亚里士多德的三类学科之一的理论学科把哲学分为三个部分：物理学、数学、神学（形而上学）。

4．西方近代哲学的创始人笛卡尔较多地继承了斯多葛派的观点，将哲学分为三类：形而上学，他把它比喻为大树的树根；物理学，这是树干；包括伦理学在内的

各门具体学科，是树枝。

5．托马斯·霍布斯先把哲学分为两大部分：自然哲学和公民哲学。他认为自然哲学的研究对象是大自然所产生的自然物体，而公民哲学的研究对象是民众意志或契约所造成的国家。他又把公民哲学分为两种：一种是伦理学，对象是人们的性情或行为；另一种是政治学，对象是人们的公民责任。

6．康德提出将哲学分为自然哲学和道德哲学两类。他认为自然哲学的研究对象是自然概念，而道德哲学的研究对象是自由概念，这就是二者的区别所在。

7．黑格尔哲学体系的分类基本继承了斯多葛派的三种分类方法：逻辑学，不是形式逻辑，而是与形而上学合流的逻辑学；自然哲学；精神哲学。

8．意大利新黑格尔主义哲学家克罗齐的分类：理论哲学：美学、逻辑学；实践哲学：经济学、伦理学。

笛卡尔

哲学是一门给人智慧、使人聪明的学问，哲学的本意是爱智慧或追求智慧。哲学源于人们实践的追问和对生活的思考。通常认为，哲学可分为唯物主义哲学和唯心主义哲学（划分依据是对思维和存在何者为本原问题的不同回答）。唯物主义按发展形态划分为：古代朴素唯物主义、近代形而上学唯物主义、辩证唯物主义和历史唯物主义（马克思主义哲学）；唯心主义也可以分为两种基本形态：主观唯心主义和客观唯心主义。

◆ 唯物主义分类

（1）古代朴素唯物主义。朴素唯物主义又称"素朴唯物主义"，是用某种或某几种具体物质形态来解释世界的本原的哲学学说，是唯物主义发展的最初历史形态。它否认世界是神创造的，并把世界的本原归根于某种或某几种具体的物质形态，试图从中找到具有无限多样性的自然现象的统一。但是由于受到社会实践和科学发展水平的限制，朴素唯物主义是依据直观经验和比较粗浅的自然知识所作的理论概括，缺乏一定的科学论证和严密的逻辑体系，带有猜测的成分和直观的、朴素的性质。它的产生和发展经历了奴隶社会和封建社会，属于奴隶主民主派和新兴地主阶级或地主阶级进步阶层的世界观。随着近代自然科学的发展和资本主义的产生，朴素唯物主义就不可避免地为形而上学唯物主义所代替。

（2）近代形而上学唯物主义。近代形而上学唯物主义在总结自然科学成就的基础上，丰富和发展了唯物主义。但它把物质归结为自然科学意义上的原子，认为原子是世界的本原，原子的属性就是物质的属性，因而具有机械性、形而上学性、历史观上的唯心主义等局限性。它与古代朴素唯物主义、辩证唯物主义和历史唯物主义的共同之处在于它们都坚持了唯物主义方向，认为物质决定了意识，意识是物质的反应。

（3）辩证唯物主义。辩证唯物主义，即现代唯物主义，是马克思、恩格斯批判地吸取德国古典哲学——黑格尔的辩证法的合理内核和费尔巴哈唯物论的基本内核，在总结自然科学、社会科学和思维科学的基础上创立的逻辑思维形式。辩证唯物主义（辩证唯物论）是马克思主义的一种哲学理论，是把唯物主义和辩证法有机地统一起来的科学世界观。产生于19世纪40年代，是唯物主义的高级形式。马克思主义哲学在唯物主义的基础上实

马克思和恩格斯

现了辩证法、认识论和逻辑学三者的统一。

（4）历史唯物主义（马克思主义哲学）。历史唯物主义是人类社会发展一般规律的科学，是马克思主义哲学的重要组成部分。历史唯物主义是科学的社会历史观和认识、改造社会的一般方法论，又称为唯物史观。历史唯物主义为马克思和恩格斯所创立。他们称它为"唯物主义历史理论"或"唯物主义历史观"。恩格斯1892年在《社会主义从空想到科学的发展》一书的导言中用"历史唯物主义"这个名词来表述这一科学的社会历史观："认为一切重要历史事件的终极原因和伟大动力是社会的经济发展、生产方式和交换方式的改变，是由此产生的社会之划分为不同的阶级，是这些阶级彼此之间的斗争。"列宁称历史唯物主义为"科学的社会学""唯一的科学的历史观"和"社会科学的唯一科学方法即唯物主义的方法"。

◆ 唯心主义分类

（1）主观唯心主义。主观唯心主义是唯心主义哲学的基本形式之一。主观唯心主义把个人的某种主观精神如感觉、经验、心灵、意识、观念、意志等看作是世界上一切事物产生和存在的根源与基础，而世界上的一切事物则是由这些主观精神所派生的，是这些主观精神的显现。中国宋明时期的心学所谓的"心即理""吾心即是宇宙""心外无物""心外无理"，英国贝克莱的所谓"存在就是被感知""物是观念的集合"等观点，就是有代表性的、典型的主观唯心主义和唯我论观点。

（2）客观唯心主义。客观唯心主义是唯心主义哲学的两种基本形式中的一种。客观唯心主义认为某种客观的精神或原则是先于物质世界并独立于物质世界而存在的本体，而物质世界（或现象世界）则不过是这种客观精神或原则的外化或表现，前者是本原的、第一性的，后者是派生的、第二性的。中国宋代程朱理学的"理"、古希腊柏拉图的"理念"、德国黑格尔的"绝对观念"，都是这种作为世界本体的客观精神或原则。客观唯心主义的所谓客观精神或原则，实际上是把人的思维或一般概念加以绝对化的结果，是通过抽象思维把它们升华或蒸馏为不仅脱离人头脑并且脱离或先于物质世界及具体事物而独立存在的实体，同时还进一步把它们神化、偶像化，部分分支陷于神秘主义的创世说和宗教信仰主义。因此，客观唯心主义同宗教常常有着密切的联系。可以说，客观唯心主义的部分分支是宗教的一种比较精致的形式，而宗教则是客观唯心主义的一种理想形式。

著名的哲学大师

古今中外著名的哲学大师有：儒家学派创始人孔子，道家学派创始人老子，火本原说创始人赫拉克利特，水本原说创始人泰利斯，无定说创始人阿那克西曼德，气本原说创始人阿那克西美尼，西方理性形而上学传统的奠基人苏格拉底，神学大师托马斯·阿奎那，机械唯物主义者托马斯·霍布斯，二元论者笛卡尔，理性主义者斯宾诺莎、莱布尼茨，经验论者洛克、贝克莱、休谟，社会契约论者卢梭、康德、费希特，德意志哲学集大成者黑格尔，唯意志论者叔本华、马克思，唯意志论者尼采，哲学史家罗素，分析哲学家维特根斯坦，存在主义哲学家海德格尔、萨特，解构主义德里达，实用主义杜威，哲学史家文德尔班，实用主义罗蒂、詹姆士，现代神学领头人斯温博尔，结构主义心理学福柯，结构主义心理学阿尔都塞等。下面我们就来介绍几位著名的哲学大师。

◆ 老　子

李耳（约公元前575年—？），字伯阳，又称老聃，安微涡阳人，是我国古代最伟大的哲学家和思想家之一，是道家学派创始人，世界文化名人。相传他母亲怀了他九九八十一年身孕，才从腋下将他产出，他一生下来就是白眉毛白胡子，所以被称为老子。老子生活在春秋时期，曾在周国都洛邑任藏室史（相当于国家图书馆馆长）。晚年乘青牛西去，在函谷关写成五千言的《道德经》（又称《道德真经》《老子》《老子五千文》）。在道教中，老子是太上老君的第十八个化身。《道德经》含

社会科学一点通

老子雕像

有丰富的辩证法思想，老子哲学与古希腊哲学一起构成了人类哲学的两个源头，老子也因而被尊为"中国哲学之父"。后来老子的思想被庄子传承。老子主张无为，理想政治境界是"邻国相望，鸡犬之声相闻，民至老死不相往来"。老子以"道"解释宇宙万物的演变，"道"为客观自然规律，同时又具有"独立不改，周行而不殆"的永恒意义。

◆ 苏格拉底

苏格拉底是著名哲学家，是西方哲学的奠基者。苏格拉底和他的学生柏拉图及柏拉图的学生亚里士多德，被并称为"希腊三贤"。苏格拉底说："我的母亲是个助产婆，我要追随她的脚步，我是个精神上的助产士，帮助别人产生他们自己的思想。"他早年继承父业，从事雕刻石像的工作，后来研究哲学，被认为是当时最有智慧的人。苏格拉底一生过着艰苦的生活。无论严寒酷暑，都穿着一件普通的单衣，经常不穿鞋，对吃饭也不讲究，只是专心致志地做学问。苏格拉底的学说具有神秘主义色彩。他认为，天上和地上各种事物的生存、发展和毁灭都是神安排的，神是世界的主宰。他反对研究自然界，认为那是亵渎神灵。他提倡人们认识做人的道理，过有道德的生活。他的哲学主要研究探讨的是伦理道德问题。

◆ 柏拉图

柏拉图出身于雅典贵族，青年时从师苏格拉底。公元前387年他在一所被称为阿加德米的体育馆附近设立了一所学园，此后执教40年，直至逝世。柏拉图是哲学史上第一个有大量哲学著作传世，并创立了庞大的客观唯心主义哲学体系的哲学家，留下了近30种作品，大多用对话体写成。他一生的教学思想主要集中在《理想国》和《法律篇》中。柏拉图是西方客观唯心主义的创始人，他认为世界由"理念世界"和"现象世界"所组成。理念的世界是真实的存在，永恒不变，而人类感官所接触到的这个现实的世界，只不过是理念世界的微弱的影子，它由现象所组成，而每种现象是因时、空等因素而表现出暂时变动等特征。由此他提出了一种理念论和回忆说的认识论，并将它作为其教学理论的哲学基础。

《理想国》是柏拉图最著名的代表作，是一部"哲学大全"。《理想国》，又译作《国家篇》《共和国》，共分10卷。这部"哲学大全"不仅是柏拉图对自己此前哲学思想的概括和总结，而且是当时各门学科的综合，它探讨了哲学、政治、伦理道德、教育、文艺等各方面的问题，以理念论为基础，建立了一个系统的理想国家方案。《理想国》在哲学史乃至人类思想史上都产生了广泛而深远的影响，在人类思想史上第一次提出了一个完整系统的理想国家方案，构成了以后各种被作为社会政治理想而提出的乌托邦方案的开端。

◆ 康　德

德国古典哲学的创始人、天文学家、星云说的创立者之一、不可知论者、德国古典美学的奠定者。康德与柏拉图、奥古斯汀，并称为三大"永不休止的哲学奠基人"。康德的"三大批判"构成了他的伟大哲学体系，它们是："纯粹理性批判""实践理性批判"和"判断力批判"。"有两种东西，我对它们的思考越是深沉和持久，它们在我心灵中唤起的惊奇和敬畏就会日新月异，不断增长，这就是我头上

的星空和心中的道德定律。"这句话出自康德的《实践理性批判》最后一章，被刻在康德的墓碑上。

康德生于1724年4月22日，1740年入哥尼斯贝格大学，任讲师15年，除讲授物理学、数学外，还讲授逻辑学、形而上学、道德哲学、火器和筑城学、自然地理等。主要著作有《关于自然神学和道德的原则的明确性研究》《把负数概念引进于哲学中的尝试》《上帝存在的论证的唯一可能的根源》《视灵者的幻梦》《论感觉界和理智界的形式和原则》《纯粹理性批判》《实践理性批判》《判断力批判》《在理性范围内的宗教》《学院之争》《从自然科学最高原理到物理学的过渡》。1804年2月12日病逝。

◆ 黑格尔

德国哲学家，出生于德国西南部符腾堡州首府斯图加特。1829年，黑格尔就任柏林大学校长，其哲学思想最终被定为普鲁士国家的钦定学说。1831年在德国柏林去世。他研究的主要领域涉及逻辑学、历史哲学、美学、宗教、形而上学、认识论、政治学、辩证法。1800年黑格尔与谢林共同创办《哲学评论》杂志；1807年出版第一部著作《精神现象学》；1808至1816年完成《逻辑学》（简称大逻辑）；1817年，出版《哲学全书》（其中的逻辑学部分简称小逻辑），完成了他的哲学体系；1821年出版《法哲学原理》；1831年死于霍乱。他在柏林大学的讲稿在他死后被整理成《哲学史讲演录》《美学讲演录》和《宗教哲学讲演录》。他的代表作品有《精神现象学》《逻辑学》《哲学全书》《法哲学原理》《哲学史讲演录》《历史哲学》和《美学》等。

黑格尔把绝对精神看做世界的本原。绝对精神并不是超越于世界之上的东西，自然、人类社会和人的精神现象都是它在不同发展阶段上的表现形式。因此，事物的更替、发展、永恒的生命过程，就是绝对精神本身。黑格尔哲学的任务和目的，就是要通过展示自然、社会和思维体现出来的绝对精神，揭示其发展过程及其规律性，实际上就是在探讨思维与存在的辩证关系，在唯心主义基础上揭示二者的辩证同一。围绕这个基本命题，黑格尔建立起了一个令人叹为观止的客观唯心主义体系，主要讲述绝对精神自我发展的三个阶段：逻辑学、自然哲学、精神哲学。

◆ 马克思

　　全世界无产阶级的伟大导师、科学共产主义的创始人、政治家、哲学家、经济学家、革命理论家，主要著作有《资本论》《共产党宣言》等。他是无产阶级的精神领袖，是近代共产主义运动的弄潮儿。支持他理论的人被称为马克思主义者。马克思最广为人知的哲学理论是他对人类历史进程中阶级斗争的分析。他认为这几千年来，人类发展史上最大矛盾与问题就在于不同阶级间的利益掠夺与斗争。依据历史唯物论，马克思大胆假设：资本主义终将被共产主义取代。马克思主义也分为非革命派与革命派。非革命派学说，又称修正主义派，以爱德华·伯恩斯坦为中心，主张渐进式的社会主义发展。而革命派学说则以列宁最为著名，强调激进强制革命的重要性。

　　马克思主义在20世纪初到20世纪中叶，经列宁及其他革命者创办的苏联的大力提倡达到了巅峰。但在这段期间马克思主义在当代的解释似乎也受到了许多学者的疑问与争议。随着苏联的式微与解体，马克思主义在政治上的影响力也逐渐衰退。但马克思主义作为近代最著名也是影响最深远的哲学理论之一，其学说仍然活跃在学术界的各领域。在21世纪的今天，世界上仍有许多国家称马克思主义为其国家或政党的基本主义与基本方针，如中国、越南、老挝、朝鲜、古巴、尼泊尔共产党等。

◆ 尼 采

德国著名哲学家，西方现代哲学的开创者，卓越的诗人和散文家。尼采最早开始批判西方现代社会，但他的学说在他的时代却并没有引起人们的重视，直到20世纪才得到回应，如后来的生命哲学、存在主义、弗洛伊德主义、后现代主义都以各自的形式回应了尼采的哲学思想。1886—1887年，尼采出版了《善恶的彼岸》《道德的系谱》。尼采希望摧毁陈旧的道德，为超人铺平道路。在尼采发疯的前夜，他的《瓦格纳事件》《偶像的黄昏》《反基督徒》《看那这人》《尼采反驳瓦格纳》一气呵成。1889年，长期不被人理解的尼采由于无法忍受长时间的孤独，在都灵大街上抱住一匹正在受马夫虐待的马的脖子，最终失去了理智。数日后，尼采进入了他的生命的最后十年。

在尼采的一生中，他的家庭始终是他温暖的避风港。尼采像个苦行僧一样在这个风雨飘摇的世界中飘泊游荡，忍饥挨饿，沉思冥想。1900年8月25日，这位生不逢时的思想大师在魏玛与世长辞。尼采的主要著作有《悲剧的诞生》《希腊悲剧时代的哲学》《不合时宜的考察》《自白者和作家大卫·斯特劳斯》《历史之用途与滥用》《教育家的叔本华》《尼采论叔本华》《古修辞学描述》《瓦格纳在拜洛伊特》《人性，太人性的》《启示艺术家和文学家之灵魂》《朝霞》《快乐的知识》《乐观的智慧》《查拉图斯特拉如是说》《善与恶的超越》《道德的谱系》《瓦格纳事件》《偶像的黄昏》《上帝死了》《看哪！这人》《权力意志——重估一切价值的尝试》等，对后世影响颇为深远。

◆ 叔本华

叔本华是德国哲学家，悲观主义者，以著作《意志与表象的世界》而闻名。叔本华明确地阐述了一种双面理论来理解现实世界。他指出，世界由意志与表象组成，它们同时存在又相互区别。叔本华把生命视为不幸的，无意义的，充满痛苦的。他的哲学和东方的思想相呼应，特别是印度教和佛教的思想。他将对人生痛苦的拯救寄托于对美的沉思，对人的同情，对欲望的控制。1818年叔本华发表了《作为意志和表象的世界》，奠定了他的哲学体系的基础。他为这部悲观主义巨著作出了最乐观的预言："这部书不是为了转瞬即逝的年代而是为了全人类而写的，今后会成为其他上百本书的源泉和根据"。叔本华又说，"当一头蠢驴去照镜子时，你不可能在镜子里看见天使"。

叔本华是唯意志论哲学的创始人，他力图从非理性方面来寻求新的出路，提出了生存意志论。该理论认为人生就是一种痛苦，一个人所感受的痛苦与他的生存意志的深度成正比。生存意志越强，人就越痛苦。要摆脱痛苦的途径只有一条，就是抛弃欲求，否定生存意志。他认为一个人可以通过艺术创造和欣赏来暂时解脱痛苦，但最根本的解脱办法是进入佛教的空、无的境界。叔本华的思想广泛影响了哲学、心理学、音乐和文学等领域。

◆ 保罗·萨特

萨特是法国存在主义哲学家、剧作家、小说家和评论家，法国无神论存在主义的主要代表人物。1964年，瑞典文学院决定授予萨特诺贝尔文学奖，但被萨特拒绝，理由是他是一位和平主义者，他不愿意将自己的名字和一个发明火药的人联系在一起。萨特一生中拒绝接受任何奖项。

萨特幼年丧父，从小寄居在外祖父家。中学时代接触柏格森、叔本华、尼采等人的著作。1924年考入巴黎高等师范学校攻读哲学。1933年，赴德国柏林法兰西学院进修哲学，回国后陆续发表了《论想象》《自我的超越性》《情绪理论初探》《胡塞尔现象学的一个基本概念：意向性》等著作。1943年

秋，他的哲学巨著《存在与虚无》出版，构建了萨特的无神论存在主义哲学体系。

萨特是法国战后存在主义哲学思想的代表人物。萨特反对苏联式的社会主义，但支持中国的社会主义，他于1959年访华，并在《人民日报》发表文章，赞扬中国的"我为人人，人人为我"的精神是一种"深刻的人道主义"；他还多次在法国发表文章，赞扬中国的"文化大革命"。萨特的主要著作有《论想象》《存在与虚无》《存在主义是一种人道主义》《辩证理性批判》《方法论若干问题》《对偶发性的论述》《论心灵的孤独》《忧郁症》《安东纳·洛根丁的奇特冒险》《恶心》《墙》《自由之路》《苍蝇》《间隔》《恭顺的妓女》和《影像论》等。

第五章

研究权力的政治学

　　社会科学是以社会现象为研究对象的科学，学科任务是研究、阐述各种社会现象及其发展规律。社会科学所涵盖的学科领域包括政治学、经济学、管理学、法学、社会学、心理学、教育学、伦理学、文学、美学、艺术学、逻辑学、语言学、史学、军事学、人类学、考古学、民俗学、新闻学、传播学。

　　作为社会科学中的重要学科构成，政治学是以研究人类社会的权力关系体系与利益调整关系为对象的学科门类。从概念的角度来说，政治学是运用科学分析方法，系统地研究人类社会的各种管理程序的科学。其研究的主要课题是国家及其赖以发挥治理效能的各种机构和制度。在政治学中，公共管理、行政管理、政府管理与国际关系均是其重要的下属学科。其中国际关系是研究国家与国家之间的关系及各国的外交政策的分支学科。

　　本章我们就来介绍一下政治学的相关情况，比如有关政治学概述、政治学简史、政治学流派、政治学学者及政治学著作等。

政治学的定义

政治在本质上是人们在一定经济基础上，围绕特定利益，借助社会公共权力来规定、实现特定权利的一种社会关系，因此，政治学就是研究这种特定的社会关系即政治关系及其发展规律的科学。简而言之，政治学就是研究政治的科学。政治学是一门独立的学科，它要求人们以客观政治关系为研究对象，以科学态度和科学方法从事研究，其研究成果对于人们认识政治现象，掌握政治规律有着巨大的指导作用。

政治学以探求政治关系的发展规律作为其研究的目标和任务。政治学要求准确进行政治现象的描述，同时准确把握政治规律，要深入研究政治关系的本质及其发展运动规律。政治学的研究对象主要是政治关系。在实际生活中，政治关系具有多种形态，如政治行为、政治体系、政治文化等，这些都是政治学研究的对象。另外，由于政治科学的本身具有浓厚的阶级属性，因而国家利益、阶级利益的不同会导致政治学常有非常强烈的阶级性。

一般说来，我国的政治学大体上分为政治学基本理论、政治思想、政治制度、行政管理和国际政治五大类。其中，政治学基本理论主要包括政治学原理、马恩列斯（马克思、恩格斯、列宁、斯大林）政治学经典著作研究、毛泽东政治学经典著作研究、政治管理学、政治心理学、政治社会学、比较政治学等；政治思想包括中外政治思想史、中国现代政治思想、西

毛主席

方当代政治思潮、社会主义思想发展史等；政治制度包括中国政治制度史、外国政治制度史、当代中国政治制度、资本主义国家政治制度、中国政府与政治、中国地方政府、中国共产党领导的多党合作、中国共产党的建设论及监察监督理论、中国监察和监督制度史、中国选举制度、外国选举制度、一国两制理论等；行政管理包括行政管理学原理、组织理论、人事行政学、行政领导学、公共政策分析、市政学、比较行政学、行政法学、行政学研究方法、组织行为学、中国公务员制度、秘书学与秘书工作、行政公文写作、办公自动化管理等；国际政治包括国际政治理论、国际组织、国际法、国际战略研究、外交学、区域政治和各国政治研究、世界政党研究、国际关系史、中国对外政策等。

西方政治学发展史

政治学有着古老的历史。在我国，自阶级、国家产生以来，就有了各种政治制度、政治条例、政治思想，这些世代相承的政治思想与制度化条文共同构成了我国古老的政治学体系，其中饱含着丰富多彩的东方文化色彩与深厚的中国哲学智慧。而从西方政治学的历史来看，在古希腊时期即有亚里士多德的《政治学》著作，它对有关国家的议会、权力结构、公民社会、公共制度、法律制度等方面作了初期化的研究。后来随着欧美空想社会主义思潮的发展，先后诞生了诸如意大利的《太阳城》，以及英国圣西门、法国傅立叶等人的社会政治学说，这些皆为后来的马克思主义政治学说与现代西方资本主义政治学说提供了有益的借鉴与蓝本。

1880年10月，在美国成立了"哥伦比亚大学政治研究院"，开始培养政治学博士和进行具有学科意义的政治学研究。一般学者都以此作为西方现代政治学建立的标志。1886年美国《政治学季刊》创刊。1903年，美国政治学会成立，不久《美国政治学评论》创刊。至此，现代意义的政治学大体形成。政治学在美国不断发展，也逐渐变得越来越美国化。第一次世界大战前后，现实主义研究方法向以历史–比较方法为代表的历史主义研究方法挑战，接着出现了"新政

亚里士多德

学运动"，提倡科学主义的政治研究方法，主张采用社会学、心理学和统计学的方法来改革政治研究。同期的欧洲政治研究虽然仍承袭传统的研究方法，在政治理论和政治社会学方面发展较快，但对科学主义的研究方法持不赞成态度，在学科专业设置、研究内容、研究方法上均颇为保守。

现代西方政治学作为一门学科，其发展简史分为两个时期：一是1880年以前的西方政治学；二是二次世界大战后的西方政治学。具体来说，1880年以前的西方政治学，主要是以一般政治原理和政治

规律为研究内容，如国家、政体、主权、公民、制度、统治等，其政治研究中的法学和社会学观念对后来的政治学影响深远。第二次世界大战后，行为主义政治学迅速崛起，它反对传统的制度研究方法，注重创立经验方法。20世纪70年代后，行为主义政治学进入萧条时期，其过分强调技术手段、忽视价值因素的倾向受到批判。此时有人提出了"政治学的新革命"，即政治学的再理论化、再意识形态化的主张。在这种情况下，当代政治学进入后行为主义时期。

马克思主义政治学与列宁

◆ 马克思主义政治学

马克思主义政治学，是建立在辩证唯物主义和历史唯物主义基础上的科学政治学，是人类社会政治学发展阶段上的最高成就，其根本目的在于维护社会民众的利益，彻底改变存在剥削、不公的剥削阶级政治制度与秩序。马克思主义政治学从现实社会的生产方式和交换方式出发，科学揭示了社会政治现象的本质特征，提出了实现全人类解放的理想。马克思主义政治学的根本目的在于——通过对社会政治现象的本质特征的揭示，来寻求改造

马克思

世界、实现人类最终解放的途径与方法。总之，马克思主义政治学的出现，开创了人类政治学发展的新时代。

马克思主义充分吸收了三大理论思想成就：

一是德国的古典哲学。主要是黑格尔的辩证法和费尔巴哈的唯物主义。马克思、恩格斯在吸取黑格尔辩证法时，对黑格尔的唯心主义国家学说作了批判，充分揭示了资本主义国家的本质特征。马克思、恩格斯对费尔巴哈唯物主义的批判，则抛弃了其形而上学和历史唯心主义，吸收了其唯物主义的基本思想。马克思、恩格斯经过改造，把唯物主义同辩证法有机结合起来，并运用到历史领域，从而找到了揭示人类社会发展规律的科学方法和现实基础。

二是英国古典政治经济学。诸如英国经济学家威廉·配第、亚当·斯密、大卫·李嘉图等人的关于劳动是财富和价值的源泉，劳动分工和生产法则的研究等古典经济学家的理论，为马克思科学地分析资本主义的生产关系和阶级关系，以及揭示资本主义社会必然灭亡的命运提供了论据。

三是法国启蒙思想家、唯物主义者，以及空想社会主义者的思想。18世纪法国启蒙思想家和唯物主义者的思想，如卢梭的"人民主权"思想，孟德斯鸠的"论法的精神"，洛克的"三权分立学说"等等，都具有革命的内容，这些思想是当时欧洲最激进的思想，它们为马克思主义政治学的产生提供了理论基石。尤其是法国的空想社会主义为改造资

卢梭

本主义社会所提出的社会批判理论和社会理想，对马克思主义政治学的形成产生了直接的影响。

马克思主义政治学产生于19世纪40年代。19世纪初期，由于英国工业革命的推动，资本主义在欧洲迅速发展。从工场手工业向机器大工业过渡，成为当时欧洲社会发展的大趋势，这种趋势使欧洲各国的社会结构发生了巨大变化。伴随现代大工业的发展，出现了工业资产阶级和工业无产阶级，阶级对立日趋激烈。资本主义的发展，使生产社会化和生产资料的资本主义私人占有制的矛盾日益激化，经济危机不断发生，社会矛盾日益尖锐，无产阶级反对资产阶级的斗争日益广泛展开。欧洲社会的这种变化以及伴随出现的一系列新现象、新问题，为马克思主义政治学的产生提供了丰富的现实基础。在这种历史背景和社会环境下，马克思主义政治学应运而生。

马克思主义政治学的产生，不仅基于19世纪欧洲社会的变化与发展，而且还基于欧洲社会思想发展所取得的重大成果。唯物史观和剩余价值理论的形成，使马克思主义政治学走向成熟。这两大理论，一方面使马克思主义政治学获得科学基础；另一方面使马克思主义通过剩余价值理论，揭示了资本主义社会的阶级关系、国家本质，为无产阶级革命指明了道路。总之，马克思主义政治学以无产阶级为阶级基础，具有很强的革命性和阶级性，为无产阶级认识世界和改造世界提供了强大的思想武器与理论武器。

马克思和恩格斯写下了许多重要的政治论著，其中《1844年经济学哲学手稿》《黑格尔法哲学批判》《论犹太人问题》和《英国工人阶级状况》是马克思和恩格斯早期比较集中论述政治学基本问题的著作。《德意志意识形态》是马克思主义政治学走向成熟的重要标志。此后，马克思、恩格斯在革命实践和理论总结中又写了《共产党宣言》《1848至1880年的法兰西阶级斗争》《路易·波拿巴的雾月十八日》《法兰西内战》《哥达纲领批判》《家庭、私有制和国家的起源》《资本论》等重要著作。其中《共产党宣言》奠定了马克思主义政治学的理论基础。马克思的巨著《资本论》也蕴含着丰富的政治学理论，它从分析资本主义制度的内在动力和经济结构着手，深刻论述了国家、政治、法、政治观念等问题。

　　马克思、恩格斯逝世后，列宁继承发展了马克思主义政治学，为丰富和发展马克思主义政治学作出了宝贵的贡献。列宁的《帝国主义是资本主义发展的最高阶段》《国家与革命》等著作，创立了关于社会主义国家的系统理论，研究了现代国际关系的格局，具体论述了社会主义国家政权和行政管理的关系、无产阶级政党的历史作用、人民群众参加国家管理与社会主义民主关系、民族自决权、社会主义政治体制的建设与完善等政治学课题。列宁的政治学理论对社会主义国家的政权与民主建设具有重要的

恩格斯

指导意义。

　　在中国，以毛泽东为代表的中国共产党人在革命实践中结合中国的实际，创造性地运用了马克思列宁主义，为马克思主义政治学的发展作出了自己的杰出贡献。以毛泽东为代表的中国共产党人对半殖民地、半封建的国家进行新民主主义革命和社会主义革命的理论阐述，在社会主义制度建立后坚持共产党领导、无产阶级专政，大力发展社会生产，不断加强社会主义民主和法制，不断自我改革和完善社会主义的政治体制，以及一国两制构想

等一系列重要的政治思想，均为马克思主义政治学理论宝库增添了新的内容，使得马克思主义政治学得到了中国化的更新与发展。

◆ 列宁与《国家与革命》

列宁（1870—1924年），原名弗拉基米尔·伊里奇·乌里扬诺夫，"列宁"是笔名。列宁是俄国共产主义革命政治家，马克思和恩格斯事业和学说的继承者，全世界无产阶级和劳动人民的革命导师和伟大领袖。他亲自领导了俄国十月革命，成为苏联的第一位领导人。

列宁

他对马克思主义的贡献被普遍称为列宁主义。

1870年4月22日，列宁出生于俄国辛比尔斯克（今乌里扬诺夫斯克），1924年1月21日去世，遗体安放在莫斯科克里姆林宫红墙下的列宁墓中。

1887年，列宁进喀山大学法律系学习，不久因参加学生运动而被捕、流放。1888年，列宁从流放地回到喀山，当局不准他回大学。于是他就认真自修、研究马克思主义，认真研读了《资本论》等著作，并参加了马克思主义小组。1894年，列宁写出了《什么是"人民之友"以及他们如何攻击社会民主主义者》，批判民粹派，阐述了历史唯物主义基本原理。1895年，在彼得堡创立了彼得堡工人解放协会。年底再次被捕入狱，并于14个月后被流放到西伯利亚。在西伯利亚的3年中，他开始使用"列宁"这个笔名写出了《俄国资本主义的发展》，并与革命同志克鲁普斯卡娅结婚。1900年12月，他在德国创办俄国社会民主工党（苏联共产党前身）的机关报《火星报》，从思想上和组织上为建党作准备。

1903年7月，俄国社会民主工党在布鲁塞尔召开代表大会，会上形成了以列宁为核心的布尔什维克（多数派）。布尔什维克及其思想体系的产生，标志着列宁主义的形成。1905年7月，列宁写成了《社会民主党在民主革命中的两种策略》，清算了孟什维克的机会主义路线，指出这次革命是资产阶级民主革命，任务是推翻沙皇专制主义，建立民主共和国；将革命进行

到底，并把它转变为社会主义革命的道路；无产阶级必须与农民结成联盟，领导这场革命。1905年12月，莫斯科工人武装起义失败。列宁在此期间写出了《马克思主义和修正主义》等著作，使马克思主义得到全面发展。

1908年，列宁写成《唯物主义和经验批判主义》，书中批判了唯心主义，发展了辩证唯物主义的认识论，捍卫了哲学的党性原则。1915年8月，列宁写出《论欧洲联邦口号》，第一次得出社会主义可能首先在少数甚至单独一个资本主

圣彼得堡

义国家取得胜利的结论。1917年，俄国二月革命推翻了沙皇政权。此后，俄国出现了苏维埃政府和资产阶级临时政府两个政权并存的局面。1917年4月3日，列宁从瑞士回到彼得格勒，提出了著名的《四月提纲》，指出进入革命的第二阶段，即社会主义革命阶段，任务是推翻资产阶级临时政府，建立苏维埃共和国。临时政府把他视为眼中钉肉中刺。

1917年11月，在列宁的领导下和托洛茨基的军事指挥下，俄国人民取得了十月社会主义革命的胜利，开辟了人类历史发展的新纪元。十月革命胜利后，列宁当选为第一届苏维埃政府人民委员会主席，领导人民粉碎了帝国主义的三次武装进攻和国内的多次大规模叛乱，使苏俄的经济建设逐步走上了正轨。1918年2月，列宁与托洛茨基一起创立了苏联红军和苏联红海军。1921年初，列宁提出并实施"新经济政策"。1923年初，列宁留下政治遗嘱，奠定了苏维埃社会

主义共和国联盟（即苏联）的政治基础。1924年1月21日，列宁因脑溢血去世。为纪念列宁，彼得格勒改名为列宁格勒，直至苏联解体后才于1992年1月恢复圣彼得堡旧名。

总之，列宁是苏联共产党（布尔什维克）和国际共产主义运动的领袖，苏维埃国家的创始人。从历史功绩的角度来说，列宁继承并发展了马克思、恩格斯的思想和事业，在新的历史条件下全面发展了马克思主义，创立了列宁主义。主要代表作有《帝国主义是资本主义的最高阶段》《国家与革命》《马克思主义的三个来源和三个组成部分》《政治经济学原理讲授提纲》《马克思学说的历史命运》《哲学笔记》等。

《国家与革命》是列宁关于国家和法的学说方面的最重要著作。在这部著作中，列宁不仅清除了机会主义对马克思主义国家学说的歪曲，而且用俄国革命的经验对马克思主义学说加以丰富，使其成为指导无产阶级革命斗争和政权建设的

普遍规律。总的来说,《国家与革命》是最完整、最集中论述国家问题的马克思主义重要著作,在指导俄国十月革命和苏维埃政权建设中发挥了重要作用,对中国革命和中国社会主义建设产生过重要影响,是马克思主义关于国家与法的学说发展中的一个重要的里程碑。

现代西方政治学的四大流派

与传统政治学理论相对而言,现代西方政治学的学术思潮中主要有四大流派,即政治行为主义理论学派、分析主义理论学派、体系主义理论学派、理性主义理论学派。这四大主要流派都注意在研究中以实证主义为指导而采取更加具体化的方法;都大量采用自然科学方法和概念来研究政治学,以求其实证性。如今,源于20世纪生物学、医学、数学、工程技术等学科的系统论、控制论、信息论普遍被四大主要政治学流派运用,特别是数学的量化分析方法、数理逻辑推演方式等自然科学研究方法被引入政治学研究中,使得自然科学的统计指数、运算方式也被采纳为现代西方政治学的研究手段之一。下面我们就来对这四大流派一一加以介绍。

◆ 政治行为主义理论学派

该学派的开山之作是美国学者恶瑟·本特利的《政府过程》。政治行为主义理论学派的基本观点是,把政府活动看成是由压力、对抗、冲突以及利益集团相互的争斗所构成的动态过程,而政府则在不同利益集团之间加以协调使各方妥协。因此,政府行为乃是“政府活动”,而且以政府活动为核心的一

切政治行为都是集体行为。因此，研究政治学就是要找到使政府政治活动更加有效的途径。还有的行为主义理论家把政治活动称为"投标行为"。

本特利的后继者都把政府看成是一种活动形式，即把政府管理国家的行为看作是利益集团之间争夺所产生的相互压力的必然产物，认为政府行为实质上就是在客观存在的不同利益集团的之间的一种协调行为，而政治学研究的目的就是使这种协调行为有效可靠。比如美国政治学家斯蒂芬·贝利认为，美国政府制定法律，只不过是通过讨价还价来平衡来自不同利益集团的各种压力的过程。政治学家爱德华·彭德尔在《民主制度的政治》中干脆把政治制度看作是调节各种利益集团关系的过程。总之，政治行为主义理论学派的研究体现出改善资产阶级利益集团和资产阶级政府的政治行为的目的。

◆ 分析主义理论学派

该学派特别强调政治学理论的正确性，而不问产生和发展某种政治学理论的内容及其时代背景。而判断一种政治学理论正确与否，则主要依靠经验调查和逻辑分析。分析主义理论学派把分析、解释政治概念当作研究的主要内容。分析主义理论学派特别强调对宇宙中的事物的"一一对应关系"加以研究，具有浓厚的相对主义色彩。他们不承认有任何东西本来是好的或本来是坏的，他们承认一些价值，而否定另一些价值。分析主义理论学派所追求的是在"一一对应关系"中选择一些有价值的实际方案，摈弃一些无价值的实际方案。

与此同时，分析主义理论学派注重对政治概念的分析、解释和注释，甚至把演绎法当作政治分析的主要方法。分析主义理论学派大量运用图表、系数、统计指标和代数公式来论证自己的学说，而这种论证是通过寻找那些能够经受住逻辑分析、验证的政治学定义、分类、规范，来为创造更严密的政治行为的可控系统服务。比如西方分析主义理论学派的代表人物费利克斯·奥本海姆、罗伯特·达尔、查尔斯·林德布洛姆等人率先将政治民主理论分解成诸多推论和假设，创造了许多推论和假设公式，他们对每一项假设的前提加以详细的考察和分析，因为如假设的前提不正确，推论也就是错误的。其中奥本海姆在《控制与不自由》一文中，把这种用公式进行假设和推论的方式发展到了巅峰。这种运用公式进行推论和假设的方式，是试图确立检验现存政治理论正确与否的操作性很强的标准，目的在于改善资产阶级的政治行为。

◆ 体系主义理论学派

　　体系主义理论学派又称政治系统论学派，该学派集中批判由威廉、邓宁、乔治·萨拜因、查理·麦基尔韦恩为代表的美国政治学历史主义，指责其放弃了建立关于政治行为和政治制度运转的系统

理论的任务。体系主义理论学派的代表人物伊斯顿指出，政治学理论如果不能提供一系列判断作为评价政策行为和政治制度的标准，那么这一理论就没有价值。而他们的体系主义理论学派则是创制这些标准的，因而是有价值的。

　　体系主义理论学派认为，放弃现实的政治价值创造是有害的，这不利于探寻到把理论研究、问题选择、结果的解释包容进去的价值框架。而政治价值是多元化的，多元价值相互关联，形成一个系统。体系主义理论学派把政治理论分为两个方面：一是政治事实，一是政治价值。他们认为必须把这两个方面区别开来，然后再建构一个大的完整的政治理论体系；同时，在所建构的大的完整的政治理论体系中，要有一个理论纲领，以此纲领为指导，方可指导理论研究、问题选择和结果检验。

　　体系主义理论学派所要建构的政治理论体系具有指导现实政治生活的实际功能。为强化这种实际功

能，体系主义理论学派强调：所要建构的政治理论体系要有"一套运用的假设"，要从"若干假设"出发，演绎出"较狭义的论断"，再从这些"较狭义的论断"中演绎出能够由"经验证明"的具体论断，从而接近现实政治并为现实政治服务。另外，体系主义理论学派强调：所要建构的政治理论体系不可僵硬，必须具有一定的弹性，以反映并适应实际政治生活的变化。

◆ 理性主义理论学派

该学派更多从人对政治生活的具体的主观体验，从政治哲学与政治道德价值等方面，来探讨政治行为的科学性。理性主义理论学派认为，政治生活归根结底是人的生活的一种。也就是说，政治行为是人的行为，政治生活是人的生活，对政治生活的任何分析都离不开人的主观体验；而构成或影响人的政治行为、政治生活的因素是相当复杂的和可变的，因此试图只运用某些自然科学方法去分析复杂的政治现象是不可取的，因为政治活动不是按某种预定公式运行的。就是说，不是任何政治行为、政治生活都可以用数字或公式来测量，把政治学研究定量化、精确化，是不能反映现实政治生活的本质的。

理性主义理论学派主张用理性的科学的方法来研究和解决政治生活中的重大问题。总的说来，理性主义理论学派着重于对政治哲学、政治道德、政治理论与社会目标的关系的研究，着重于对政治理论与政治行为的关系的研究，以期研究确定社会发展目标，弄清社会迫切需要解决的政治问题及其原因，最终寻找出解决现实问题的具体方案。

第六章

研究财富的经济学

　　严格说来，社会科学是在19世纪才出现的。但如果没有古希腊的理性探讨精神，或许就不会有今日的社会科学。在中世纪的欧洲神学体系里就有有关人类和社会这两方面的观念。在整个中世纪，教会对社会科学学者关于人类思想和社会行为的想法一直都竭力加以控制。进入文艺复兴和宗教改革运动时期后，随着人文主义的发展，社会科学大发展的思想理论基础得以形成。但当时欧洲古老的经院哲学、哲学家笛卡儿的思维推论方法、希腊古典文献的限制，以及18世纪把社会改革与社会科学混同等因素的影响，在一定程度上阻碍了社会科学的发展。真正意义上的社会科学黄金时代，实际上产生于欧洲的工业革命之后，经济生产方式与社会阶级结构的巨大变动，尤其是各种社会问题的层出不穷，最终推动了社会科学黄金期的到来。

　　在社会科学中，经济学主要涉及有关商品和劳务的生产、供销、消费等方面的描述和分析。经济学总体上可分为：个体经济学，即研究经济活动中个别范畴的行为，诸如个体农民、商号及商人的经营活动；总体经济学，即研究整个经济体系，尤其注重产出和所得的一般水准以及不同经济部门之间的相互关系。本章我们就来说一说这门研究财富的"经济学"。

经济学的定义

经济学，又称经济科学，是研究人类个体及其社会在各个发展阶段上的各种需求和满足需求的活动及其规律的学科。经济学是对人类各种经济活动和各种经济关系进行研究的各类学科的总称。按照汉语的意思解释，"经济"者，经世济民也。在"民"与"民"之间拉出一条"需求和满足需求"的线，连结成一对"商品供求"关系，这就是"经"；而"民"与"民"两个"社会主体"的"需求"都得到了"满足"，这就是"济"。经济学，就是以"公民"及其"商品"和"商品要素"（如土地、劳力、技术、空气、水等）为主要研究对象的学科。商品是经济的起点，商品学是经济学的基础，财务学、会计学则是经济学的桥梁。

具体而言，经济学是一门研究人类行为及如何将有限或者稀缺资源进行合理配置的社会科学。经济一词，在西方源于希腊文，原意是家计管理。古希腊哲学家色诺芬在《经济论》中论述了以家庭为单位

各国硬币

的奴隶制经济的管理。经济学作为一门独立的科学，是在资本主义产生和发展的过程中形成的。在资本主义以前的各个历史时期，有不少思想家对当时一些经济现象和经济问题发表见解，形成了某种经济思想，但是没有形成系统；并且这种经济思想常与他们的政治、法律、伦理、宗教等思想混杂在一起。因此，古代经济思想的发展，可以称为经济学前史。在以历史和文明悠久著称的民族和国家中，以中国、古希腊、古罗马及西欧中世纪保存的历史文献最为丰富，在经济思想

柏拉图

方面都有重要贡献。

古希腊在经济思想方面的主要贡献有色诺芬的《经济论》，柏拉图的社会分工论和亚里士多德关于商品交换与货币的学说。色诺芬的《经济论》论述了奴隶主如何管理家庭农庄，如何使具有实用价值的财富得以增加。色诺芬十分重视农业，认为农业是希腊自由民的最好职业，这对古罗马的经济思想和以后法国的重农学派都有影响。柏拉图在《理想国》一书中从人性论、国家组织原理以及使用价值的生产三个方面，考察了社会分工的必要性，认为分工是出于人性和经济生活所必需的一种自然现象。这种分析与中国古代管仲的"四民分业"论和孟子的农耕与百业、劳心与劳力的"通功易事，以羡补不足"的理论基本上是一致的。

古罗马的经济思想见于著名思想家大加图、瓦罗等人的著作中。古罗马对经济思想的贡献，主要是罗马法中关于财产、契约和自然法则的思想。古罗马早期有十二铜表

法，以后在帝国时期有适用于罗马公民的民事法律——市民法，以及适用于罗马帝国境内各族人的万民法。这些法律中对财产权、契约关系以及与此相联系的买卖、借贷、债务等关系都有明确的解释。万民法所依据的普遍性原则和自然合理性，以后逐渐形成自然法则思想，成为资本主义初期的自然法、自然秩序思想的重要来源。

西欧中世纪虽然持续了千年之久，但封建制度直到11世纪才真正建立起来。中世纪的学术思想为教会所垄断，形成所谓经院学派。经院学派主要用哲学形式为宗教的神学作论证，但也包含某些经济思想，以用来论证某些经济关系或行为是否合法或是否公平。后来由于商品经济的发展和城市的兴起，教会不得不回答当时社会上出现的两个重要问题：一是贷款利息的正当性问题，一是交换价格的公正性问题。贷款取息与教义抵触，教会曾一再明令禁止。但后来迫于大量流行的贷款取息的现实，经院学派不得不采取调和态度。在中世纪神学家中较早论述公平价格的是大阿尔伯特，他认为公平价格是和成本相等的价格，市场价格不能长期低于成本。关于这两个问题，在中世纪并未形成有说服力的观点，但却为以后的经济学家提出了研究的课题。

"经济学之父"亚当·斯密的《国富论》是近代经济学的奠基之作。在亚里士多德时代，政治学、

教　会

伦理学、政治经济学三位一体。经济活动是人们在一定的经济关系的前提下进行的诸如生产、交换、分配、消费以及与之有密切关联的活动。在经济活动中，经济关系是人们在经济活动中结成的相互关系。在各种经济关系中，占主导地位的是生产关系。现代经济学在研究方法上大量运用现代数学方法和现代计算机技术进行经济数量关系的分析，这是由于现代经济发展日益错综复杂，在此过程中出现的新情况、新问题需要运用这些新的方法进行精确的描述和解释。经济学研究中适当运用现代数学和计算机技术的新方法和新成果，对于增强经济科学的精确性具有重要意义。

中国古代经济思想

社会科学是研究人类各种社会活动和各种社会关系的理论和历史的多种学科的总称。经济活动是其他一切活动的物质基础，经济关系也是其他一切社会关系的物质基础。因而，除了哲学之外，经济学，特别是作为理沦经济学的政治经济学，就成为社会科学中的基础科学，成为人们认识社会、改造社会必先掌握的思想武器。经济学要联系国家制度、法律等上层建筑，来研究各种经济活动和经济关系；政治学、法学等要联系所要维护的经济活动和经济关系，来研究各种国家制度、各种法律等。这种相互联系、相互作用的关系，也同样适用于经济学与其他的社会科学学科。经济学与社会学、心理学等也有密切的联系，因为人们的经济活动与经济关系是决定一个社会结构的基础；人们的生产活动和消费行为都有一定的心理动机，并受行为习惯的影响；同时人们的心理状态和行为状态，也往往是以一定经济利益的考虑为基础的。

在中国古汉语中，"经济"一词是"经邦"和"济民"、"经国"和"济世"，以及"经世济民"等词的综合和简化，含有"治国平天下"的意思。它的内容不仅包括国家如何理财、如何管理其他各种经济活动，而且包括国家如何处理政治、法律、教育、军事等方面的问题。西方经济学在19世纪传入中日两国。日本的神田孝平最先把economics译为"经济学"，中国的严复则把它译为"生计学"。20世纪80年代以来，经济学已逐渐成为各门类经济学科的总称。

中国封建社会的经济思想与西方古代的经济思想比较，除在重视农业生产、社会分工思想等方面有些共同之处外，它们也有自己的特点。中国封建社会的经济思想主要有道法自然思想、义利思想、富国思想、赋税思想、平价思想、奢俭思想等。

"道法自然"是道家的经济思想。道家从自然哲学出发，主张经济活动应顺应自然法则运行，主张清静无为和"小国寡民"，反对当时儒家所提倡的礼制和法家所主张的刑政。道家这种经济思想后来传到西欧，对17至18世纪在西欧盛行的自然法和自然秩序思想有一定影响。

"义利思想"是关于人们求利活动与道德规范之间相互关系的理论。"利"主要指物质利益，"义"是指人们行动应遵循的道德规范。儒家贵义贱利，成为长期束缚人们思想的僵化教条，妨碍了人们对求利、求富问题的探讨和论证，也在一定程度上影响了商品经济在中国的发展。

"富国思想"是中国古代思想家为使中央集权的封建制国家富强，而提出的各种见解或政策。孔子的学生有若就提出"百姓足，君孰与不足"的思想，这也是儒家早期的富国思想。以后商鞅在秦国变法，提出了富国强兵和"重本抑

末"政策。商鞅和以后的韩非都认为农业是衣食之本、战事之源，发展农业生产是国家富强的唯一途径；同时，他们认为工商业是末业，易于牟利，如不加限制，就会使人人避农，危害农业生产，因而主张"禁末"。可见，富国思想在中国的政治经济思想史上具有独特地位。

"赋税思想"是从征赋税而言的，对土地课征赋税是中国封建社会农产品的主要分配形式，是中国思想家经常论述的问题之一。自西周"公田"制消亡后，对农业生产改为按所有田亩课征赋税。因此，中国古代的经书史籍中，如《尚书》《周礼》《国语》等，常有关于田地分级和贡赋分等的论述。

"平价思想"，即关于稳定物价的思想。战国时代，鉴于谷价大起大落对农民和工商业者都不利，李悝、范蠡提出国家在丰年购进粮食，在歉年出售粮食的"平籴""平粜"政策，使粮价只在一定范围内涨落。这一平价思想也被用于国家储备粮食的常平仓制度及救济贫民的义仓制度。

"奢俭思想"。古代王公贵族生活的奢侈或节俭，关系到财用的匮乏或富足，税敛的苛繁和薄简。因此，对待消费应提倡"俭"还是"奢"，这也是中国古代思想家经常论述的一个问题。一般来说，黜奢崇俭是中国封建时期占支配地位的经济思想。但在中国漫长的封建社会里，也出现过一些相反的观点。如《管子》一书的《侈靡》篇，就论述过富有者衣食、宫室、墓葬等方面的侈靡性开支，可以使女工、太工、瓦工、农夫有工作可做，既有利于贫民

王 府

得到就业和生活的门路，也可使商业活跃起来。这在当时是个颇不寻常的观点，它从经济活动各方面的相互联系来考察消费问题，提出了消费对生产的反作用的卓越见解。

除上述几种主要经济思想外，中国古代思想家还有其他的经济观点，如欲求思想、功利思想、理财思想、田制思想、富民思想、人口思想，以及地尽其利、民尽其力的思想等等。一般来说，中国古代的经济思想大都是为维护中央集权的封建专制统治服务的，但也有些思想是为扩大商品生产与交换、发展社会生产力而提出来的。

经济学的主要思想

古今中外的历史上出现了各种经济思想，这些思想不仅指导着当时社会的经济活动，调节着社会财富的流动，而且也不断丰富、更新着人类的经济文明成果。古希腊时代的亚里士多德即在《政治学》与《伦理学》两书中指出了商品的一些特点。亚里士多德认为，每种物品都有两种用途：一是供直接使用，一是供与其他物品相交换；而且说明了商品交换的历史发展和货币作为交换媒介的职能，指出货币对一切商品起着一种等同关系的作用，他也因此成为最早分析商品价值形态和货币性质的学者。接下来，我们就来介绍几种富有代表性的经济思想学说。

◆ 重商主义

16至17世纪是西欧资本原始积累时期。这时商业资本的兴起和发展，促使封建自然经济瓦解，国内市场统一；并通过对殖民地的掠夺和对外贸易的扩张积累了

社会科学一点通

金 银

大量资金，推动了工场手工业的发展，产生了代表商业资本利益和要求的重商主义思想。16世纪末，英、法两国出现了不少宣扬重商主义思想的著作。重商主义原指国家为获取货币财富而采取的政策。重商主义重视金银货币的积累，把金银看作是财富的唯一形式，认为对外贸易是财富的真正源泉，只有通过出口才能获取更多的金银财富，因此主张在国家的支持下发展对外贸易。

◆ 马克思主义经济学说

马克思和恩格斯的经济学说的主要内容，是研究资本主义经济制度的产生、发展和灭亡的规律。马克思从分析商品开始，分析了资本主义生产方式，批判地继承并发展了资产阶级古典经济学派奠立的劳动价值理论，指出商品的使用价值和价值的二重性是由生产商品的劳动具有劳动的二重性决定的。剩余价值学说是马克思主义政治经济学的基石。马克思把社会总生产分为生产资料生产和消费资料生产两大部类，并把每一部类产品的价值，分解为由不变资本、可变资本和剩余价值所构成。马克思还考察了资本的各种具体形式，以及相应的剩余价值的各种具体形式。

◆ 凯恩斯主义

凯恩斯主义，是建立在凯恩斯的著作《就业、利息和货币通论》的思想基础上的经济理论，主张国家采用扩张性的经济政策，通过增加需求促进经济增长。凯恩斯主义认为，宏观的经济趋向会制约个人的特定行为。18世纪晚期以来的"政治经济学"或者"经济学"建立在不断发展生产从而增加经济产出的基础上，而凯恩斯则认为对商品总需求的减少是经济衰退的主要原因。由此出发，他认为维持整体经济活动数据平衡的措施可以在宏观上平衡供给和需求。因此，凯恩斯的经济学理论和其他建立在凯恩斯理论基础上的经济学理论一起被称为宏观经济学，以与注重研究个人行为的微观经济学相区别。

凯恩斯主义的主要结论是经济中不存在生产和就业向完全就业方向发展的强大的自动机制，这与新古典主义经济学所谓的萨伊法则恰恰相反，因为后者认为价格和利息率的自动调整会趋向于创造完全就业。试图将宏观经济学和微观经济学联系起来的努力成了凯恩斯《通论》以后经济学研究中最富有成果的领域，一方面，微观经济学家试图找到他们思想的宏观表达；另一方面，例如货币主义和凯恩斯主义经济学家又试图为凯恩斯经济理论找到扎实的微观基础。二战以后，这一趋势逐渐发展成为新古典主义综合学派。

凯恩斯认为生产和就业的水平决定于总需求的水平，总需求就是整个经济系统里对商品和服务的需求的总量。在微观经济理论中，价格、工资和利息率的自动调整会自动地使总需求趋向于充分就业的水平。凯恩斯根据当时生产和就业情况迅速恶化的现实，指出理论说得再好，事实上这个自动调节机制没有起作用，问题的关键在于"需求不足"是否存在。根据古典主义经济理论——《通论》以前实践中常用的说法：需求不足只是衰退和经济混乱的症状而不是原因，因而

在一个正常运行的市场中是不会出现的。

凯恩斯及其继承人都把财政税收看作是国家干预和调节经济并使经济平衡发展的重要工具，所以都很重视对财政税收理论和政策的研究。凯恩斯认为，税收是刺激需求的手段；在资本主义社会产生经济危机和"非自愿失业"的原因是有效需求不足，即消费和投资不足；解决有效需求不足，不能靠市场经济的自发调节，而必须靠国家的干预，特别是财政税收的干预。所以他主张不应把年度财政收支平衡作为理财的基本原则，只要能够促成经济的平衡发展，增加就业和国民所得，国家可以用发行公债，实行赤字财政的办法刺激需求，增加政府投资，以弥补私人投资的不足；同时，国家必须用改变租税体系等办法来指导消费倾向，增加消费。凯恩斯认为，收入分配悬殊会降低消费倾向，因为富人虽然收入很多，但他们只把一小部分用于消费，把大部分储蓄起来；而穷人会把新增收入的绝大部分用于消费，但他们的新增收入却很有限，这是一个矛盾。他主张用收入再分配的办法解决这个矛盾，即把富人收入的一部分用累进税的办法集中于国家手中，再通过政府转移支出的办法分配给穷人，或由政府兴办公共工程，这样既可解决由消费倾向过低造成的消费需求不足，也可增加政府投资，从而达到刺激需求，促使供求平衡和增加就业的目的。而新剑桥学派更加强调发挥税收在缩小贫富差距，实现"收入均等化"方面的作用。他们主张实行高额遗产税和累进税制度，使高收入者多纳税，低收入者少纳税，并尽量使收入低的人享受税收减免。进入20世纪60年代以后，西方国家的经济陷入滞胀状态，凯恩斯主义的税收理论和政策失灵，受到西方经济学界货币学派、供给学派等的挑战。

◆ 新凯恩斯主义

新凯恩斯主义是指20世纪70年代以后在凯恩斯主义基础上吸

取非凯恩斯主义某些观点与方法而形成的理论，80年代便产生了新凯恩斯主义经济学。70年代兴起的新古典宏观经济学的学者们认为，凯恩斯主义经济学在理论上是不恰当的。他们断言宏观经济学必须建立在微观经济的基础上，主张应当用建立在市场始终出清和经济行为者始终实现最优化的假定基础之上的宏观经济理论来取代凯恩斯主义经济学，凯恩斯主义经济学已寿终正寝了。

早在20世纪70年代后期，费希尔、费尔普斯、泰勒就为新凯恩斯主义经济学建立了基础。费希尔发表了《长期合同、理性预期和最佳货币供应规则》一文，费尔普斯和泰勒发表了《在理性预期下货币政策的稳定性力量》一文，他们吸收了理性预期假设。80年代，美国一批中青年经济学者致力于为凯恩斯主义经济学主要组成部分提供严密的微观经济基础。因为工资和价格粘性往往被视为凯恩斯主义经济学的主题，所以他们努力的目的更多在于表明这些粘性是如何由工资和价格确定的微观经济学引起的，即他们试图建立工资和价格粘性的微观经济基础。

20世纪80年代以来，新凯恩斯主义经济学和与其对立的新古典宏观经济学相并立。以萨缪尔森为首的新古典综合派亦称为新凯恩斯主义。新古典宏观经济学并非是关于人们实际生活世界的理论，它的研究方法实质上是未真正应用于现实世界的一种数学上的构思。他们认为凯恩斯宏观经济学在理论上是凌乱的，经济理论应当切合于真实世界以及真实世界的制度和现实行为。新凯恩斯主义经济学的特征表现为不完全竞争、不完善市场、异质劳动和不对称的信息，而且经济主体经常关系着公平。因此，在新凯恩斯主义者看来，"实际的"宏观领域具有协调失效和宏观经济的外部影响的特性。新凯恩斯主义经济学专家们关于市场不完全性及其宏观经济效应并未达成完全一致的见解，但是他们的许多解释并不是

相互排斥的，而是互相补充的。

从新凯恩斯主义分析中得出的教训是，面临导致持久性的巨大冲击的问题时，政策干预是必要的，因为市场经济自身的调整过程运转得比较缓慢。所以，与货币主义者和新古典主义者提倡的"微调"经济政策相反，新凯恩斯主义者支持国家政府设计出"粗调"政策以抵销或避免宏观水平波动问题。有些新凯恩斯主义者（特别是欧洲支派）赞成某种形式的收入政策，以缓和不对等的工资议价制度的不利影响。新凯恩斯主义以不完全竞争和不完全信息为前提，分析论证名义上的和实际的工资和价格粘性的存在，得出关于资本主义市场经济的不稳定性（市场始终难以出清）的论断，以及资本主义社会必然产生大量非自愿失业的现象，因此提出政府干预私营经济的必要性，否定政策措施的无效性的论调。

经济学的主要流派

经济学学派主要包括重农学派、李嘉图学派、马歇尔学派、新古典学派、新剑桥学派、凯恩斯学派、新凯恩斯学派、德国历史学派、奥地利学派、新奥地利学派、货币学派、供给学派、供给面学派、一般均衡学派、哈佛学派、芝加哥学派、公共选择学派、美国制度学派。下面我们就来介绍几个富有代表性的主流经济学派：

◆ 重农学派

重农学派是18世纪50至70年代的法国资产阶级古典政治经济学学派。它以自然秩序为最高信条，视农业为财富的唯一来源和社会一切收入的基础，认为保障财产权利和个人经济自由是社会繁荣的必要手段。重农学派成员之一的杜邦·德·奈穆尔于1767年编辑出版了魁奈著作选集《菲西奥克拉特，或最有利于人类的管理的自然体系》。斯密在1776年发表的《国富论》中，依据魁奈的"把土地生产物看作各国收入及财富的唯一来源或主要来源"的学说，把魁奈等人称为"农业体系"，汉语意译为"重农学派"。

魁奈是重农学派的创始人和首领，他首创了重农主义的所有理论，他的代表作《经济表》，就是对这一理论体系的全面总结。18世纪50至70年代，在魁奈的周围逐渐出现了一批门徒和追随者，形成了一个有较完整理论体系和共同信念的派别，而且是一个有明确的纲领和组织的政治和学术团体。他们有定期讨论学术问题的集会，出版刊物《农业、商业、财政杂志》和《公民日志》。杜尔哥是继魁奈之后出现的重农学派最重要的代表人物，他的《关于财富的形成和分配的考察》是重农主义的重要文献；

他使重农主义作为资产阶级思想体系的特征而拥有更加鲜明的表现，使重农主义发展到最高峰。

重农主义实际上是第一个对资本主义生产进行分析的经济学派，却又是封建制度、土地产权统治的资产阶级的翻版。封建主义是从资产阶级生产的角度来说明的，而资本主义则是以大农业改造封建制度的臆想来发展的。这样，封建主义就具有了资产阶级的性质，资产阶级社会则获得了封建主义的外观。这个实质和外观的矛盾出现在了重农主义几乎所有的理论中。重农学

叶卡捷琳娜二世

派在当时法国的宫廷、贵族、达官中获得了很高的声誉。法国以外的当时欧洲的若干国家的统治者，如俄罗斯的叶卡捷琳娜二世，瑞典的古斯塔夫三世，托斯卡纳的利奥波德二世，西班牙的查理三世，奥地利的约瑟夫二世，那不勒斯的斐迪南一世等，也对重农主义的学说和主张发生了极大兴趣。但同时，重农主义的学说也引起了革命的或进步的启蒙思想家们的反感。伏尔泰在《有四十个金币的人》中，就对重农主义学说进行了无情的讽刺与嘲弄。

自然秩序是重农主义体系的哲学基础。重农主义者认为，和物质世界一样，人类社会中存在着不以人们意志为转移的客观规律，这就是自然秩序。自然秩序是永恒的、理想的、至善的。但社会的自然秩序不同于物质世界的规律，它没有绝对的约束力，人们可以用自己的意志来接受或否定它，以建立社会的人为秩序。社会的人为秩序表现为不同时代、不同国度的各种政治、经济制度和法令规章等等。重农主义者认为如果人们认识自然秩序并按其准则来制定人为秩序的话，这个社会就处于健康状态；反之，如果人为秩序违背了自然秩序，社会就处于疾病状态。他们认为当时的法国社会就由于社会的人为秩序违反了社会的自然秩序，因而处于疾病状态，而他们的任务就是为医治这种疾病开出处方。重农主义的自然秩序学说第一次确认了在人类社会中存在着客观规律，从而为政治经济学提出了认识客观规律的任务。

纯产品学说是重农主义理论的核心。重农主义者认为财富是物质产品，财富的来源不是流通而是生产，所以财富的生产意味着物质的创造和其量的增加。他们认为在各经济部门中，只有农业是生产的，因为只有农业既生产物质产品，又能在投入和产出的使用价值中表现为物质财富的量的增加。工业不创造物质而只变更或组合已存在的物质财富的形态，商业也不创造任何物质财富，而只变更其市场的时、地，二者都是不生产的。农业中投入和产出的使用价值的差额构成了"纯产品"。"纯产品"学说论证了农业是一个国家财富的来源和一切社会收入的基础的观点。也就是说，重农学派实际上是以农业资本来概括一般资本，以农业资本主义经营来概括资本主义生产。在"纯产品"的基础上，重农学派提出了废除其他赋税只征收一种单一地租税的主张。他们认为"纯产品"是赋税唯一可能的来源；"纯产品"归结为地租，于是地租就是唯一能负税的收入。在复合税制下，赋税的负担即使不直接加在地租上，也会通过转嫁间接地归于地主。因此不如直截了当地取消一切杂税，转而征收单一地租税。

在分析社会财富、资本的流通

农 田

和再生产的尝试上，重农学派作出了重要贡献。他们既分析了资本在劳动过程中借以组成的物质要素，研究了资本在流通中所采取的形式；又在此前提下，把社会总产品的生产通过货币的中介在社会三个阶级间的流通过程，表现为社会总资本的再生产过程。同时，在再生产过程中包括了对各社会阶级收入来源，资本和所得的交换，再生产消费和最终消费的关系，农业和工业两大部门之间的流通等等的分析。这些都在魁奈的《经济表》中得到了全面反映。魁奈的去世和杜尔哥免职后别人对他所推动的改革

123

的反动，标志着这个学派的迅速崩溃。1776年《国富论》的出版给重农学派以致命的打击，在理论上和政策主张上，斯密的经济思想成为以后的资产阶级古典经济学的传统思想。

◆ 制度学派

制度学派是19世纪末20世纪初诞生在美国的一个经济学派别，重要代表人物有凡勃伦、康蒙斯、米切尔

托斯丹·邦德·凡勃伦

等。制度学派是19世纪德国历史学派在美国的变种。该学派以研究"制度"和分析"制度因素"在社会经济发展中的作用为标榜，并以此得名。说制度学派是

德国历史学派在美国的变种，这主要是从方法论方面来看的。历史学派和制度学派在方法论上，与当时流行的英国和奥地利经济学家所采取的抽象演绎方法不同。他们既不把资本主义社会看成是抽象的"经济人"的组合，也不把资本主义经济的变动看成是"自然的"规律起作用的后果。制度学派采取的是历史归纳方法和历史比较方法，强调每一个民族或每一种经济制度都是在特定历史条件下进行活动或发展起来的，从而所阐明的规律性并无普遍的意义。

制度学派是当时资本主义处于较高发展水平的美国环境中的产物。资本主义所固有的各种矛盾，尤其是大垄断组织同中小企业之间的矛盾，在美国要比在德国表现得更加突出；大垄断企业在社会经济各方面所造成的弊病，在美国的暴露也更加明显。因此，制度学派从一开始起就强调资本主义制度本身的缺陷和局限性，强调有必要调整

资本主义的各种经济关系，对之进行改良，并预言美国资本主义的唯一出路在于社会改良。制度学派在美国，从产生之日起，就是一个以资产阶级经济学异端形式出现的经济学派别。制度学派的经济学家，尤其是凡勃伦和康蒙斯，都被看成是"离经叛道者"，他们在理论中批评当时在资产阶级经济学中处于正统地位的马歇尔理论，指出资本主义经济和自由市场经济制度并非是完美无缺的。凡勃伦甚至还提出了改革美国资本主义的设想，即由技术人员来执掌工业大权，以替代金融家的位置。

但制度学派并不是一个严格的、内部观点统一的经济学派别，它只是一个笼统的称呼。即使凡勃伦、康蒙斯和米切尔之间，也没有统一的经济观点。制度学派的经济学家们，基本上都强调非市场因素（如制度因素、法律因素、历史因素、社会和伦理因素等）是影响社会经济生活的主要因素，认为市场经济本身具有较大的缺陷，使社会

无法在人与人之间的"平等"方面协调。从这个意义上说，他们是资本主义现行制度的批评者，也是正统的资产阶级经济理论的批评者。制度学派的经济学家们基本上不同意传统经济学所使用的抽象演绎法，不同于19世纪70年代后的经济学家越来越重视的数量分析方法。制度学派总是强调所谓的制度分析或结构分析，即认为只有把对制度的分析或经济结构、社会结构的分析放在主要位置上，才能阐明资本主义经济中的弊端，也才能弄清楚资本主义社会演进的趋向。

制度学派的经济学家们基本上不同意当时处于正统地位的经济学家们根据经济自由主义思想所制定的政策，即国家不干预私人经济生活的政策。他们主张国家对经济进行调节，以克服市场经济所造成的缺陷和弊端。制度学派虽然强调制度分析、结构分析的重要性，但它所说的制度、结构的含义极为广泛，其中既包括所有制、分配关系，又包括国家、法律制度、意识

形态等。但制度学派把所有这些制度、结构并列在一起，用以解释社会经济变化的原因。这样就抹煞了经济基础与上层建筑间的辩证关系，曲解了社会经济变化的原因和过程。

20世纪30至40年代，美国制度学派有了新的发展。这时凡勃伦已经去世，此时的代表人物有米恩斯、伯利、艾尔斯等人。伯利和米恩斯合著的《现代公司与私有财产》一书出版于1932年。它从企业权力结构和掌握权力的人的经济地位进行分析，强调法律制度和法律形式对企业所有权和经营方式变化的作用。他们认为，在现代资本主义社会中，由于所有权与管理的分离，经济中将会出现经理人员拥有越来越大的权力的趋势。这种趋势既可能有利于经济的发展，也可能使经理人员的利益凌驾于社会利益之上，而使社会利益服从于公司的利益，即经理人员的利益。米恩斯和伯利认为，要设法控制公司的活动，将公司的活动置于社会利益之

下。这个结论与凡勃伦的思想是基本一致的。

艾尔斯所著的《经济进步理论：对经济发展与文化变迁基础的研究》，着重从技术进步和社会评价标准的变化的角度来分析工业化以后的社会演进趋势。他认为，技术进步的本质不在于个人技艺的提高或个人精神的某种表现，而在于工具的变革以及由此引起的制度方面的变化。所有权与管理分离，经理人员作为一个独立的阶层或集团出现，所有者不能再象过去那样凭自己的财产而取得惯例的收入等等，都是技术进步、工具变革的不可避免的结果。而在这些进步和变革的过程中，社会评价标准也相应地发生了变化，有技术专长的人自然要受到社会的尊重，传统的特权和地位自然要被人们认为是有害于人类福利的。艾尔斯的这些看法对于第二次世界大战后制度主义经济学的进一步发展起到了一定作用。

◆ 新制度学派

新制度学派是当代西方经济学的主要流派之一，形成于20世纪50年代，前身是19世纪末20世纪初以凡勃伦、康蒙斯、米切尔为代表的制度学派。新制度学派的主要代表人物，在美国是加尔布雷思、博尔丁，在瑞典是缪达尔。这个学派之所以被称为新制度学派，是因为它一方面继承了制度学派的传统，以制度分析、结构分析为标榜，并主张在资本主义现存生产资料所有制基础上进行改革；另一方面又根据第二次世界大战结束以后的新的政治经济条件，比过去的制度学派更加注意资本主义的现实问题，批判资本主义的缺陷，并提出更为具体的政策建议。

加尔布雷思

新制度学派是在凯恩斯主义已成为资产阶级经济学的新正统派，但却无法解释资本主义的多种社会经济问题的原因，并且提不出解决这些问题的对策的情况下，对资本主义社会进行分析和提出论点的。这是新制度学派不同于过去的制度学派的新特点。新制度学派同过去的制度学派一样，内部没有统一的观点，也没有本派的公认领袖人物或最有权威性的著作，该学派的每一个成员的学说几乎都是自成体系的。

新制度学派认为资产阶级经济学正统理论惯于使用的数量分析具有较大的局限性，这种数量分析只注意经济中的量的变动，而忽视了质的问题，忽视了社会因素、历史因素、政治因素、心理文化因素在社会经济生活中所起的巨大作用。因此，新制度学派强调采取制度分析、结构分析方法，其中包括权力分析、利益集团分析、规范分析等。新制度学派主张必须有一个

"信念的解放"，即从正统派经济学家（凯恩斯主义者）制造的"增长就是一切""一切为了增长"的错误思想下解放出来，建立新的价值准则，即以个人的"独立性"和以"公共目标"为衡量尺度的经济学的新观念。新制度学派认为现代资本主义国家的当务之急是改变权力分配的不平等，即限制大公司的权力，提高小企业和个体生产者在经济中的地位，使得大公司不能再利用手中的权力来剥削小企业和个体生产者。

在新制度学派看来，所谓的权力均等化是指使小企业在出售或买进产品时对价格有同等的控制权，使它们的贸易条件相同。从具体的政策措施来说，应当针对大企业和小企业的不同情况，实行不同的政策。比如说，政府应当对大企业实行价格管制，限制它们利用市场上的价格波动来损害小企业和消费者的利益；而对小企业，则不应当采取价格管制的做法，而应当鼓励小企业联合起来，维护自己的产品价格的稳定性。一旦大企业和小企业之间在权力方面的差异缩小了，经济中的收入不均等的状况也就会减少。

新制度学派在批判资本主义现行经济制度的缺陷并提出自己的改革主张的同时，把实行改革的政治责任放在科学教育界和立法机构的肩上。在它看来，科学教育界可以在人才的培养目标方面和教育制度的改革方面发挥作用，而立法机构可以通过一系列有助于限制大公司和保护小企业的法律，把资本主义经济中的改革付诸实施。新制度学派有些观点是比较符合实际的，比如注意到了当代资产阶级经济学正统派所不注意或有意回避的妇女问题、家务劳动问题、少数民族问题、小企业和个体生产者的困境问题等，较多地揭露了垄断组织与国家机构相勾结的一些情况，还在一定程度上指出了凯恩斯主义在理论上的错误和在政治上有利于大资产阶级的实质。

第七章

研究人类的社会学

　　社会学是从社会整体出发，通过社会关系和社会行为来研究社会的结构、功能、发生、发展规律的综合性学科。从学科渊源上来说，社会学从过去主要研究人类社会的起源、组织、风俗习惯，逐步转变到研究现代社会的发展和社会中的组织性或者团体性行为。在社会学中，人不是作为个体，而是作为一个社会组织、群体或机构的成员而存在。也就是说，人的组织化、社会化，是社会学研究的重点。今天，马克思主义对于人类来说，有着深刻的社会、经济、道德甚至宗教意义；即使在西方，马克思主义在思想方面的影响也是巨大的。马克思首先提出了社会可以通过计划来引导，而这对于人类社会学的研究具有十分重要的指导意义。另外，在社会学研究的心理学层面，比如在有关人格、意识和性格的一般研究领域，弗洛伊德的思想对20世纪人类社会学的影响也是十分重大的。弗洛伊德的基本理论已进入多门社会科学。

　　总的来说，社会学主要进行有关人类社会、社会风习和社会关系等方面的科学研究，也就是对人类组织的发展、结构、相互影响及集体行为等方面的研究。与社会学紧密相关的是社会心理学，主要研究有关个人性格、态度、动机和行为所受社会团体影响的方式。本章我们就来探讨一下有关社会学的定义、发展简史、社会学流派、社会学学者及著作等话题。

社会学的定义

社会学是从社会整体出发，通过社会关系和社会行为来研究社会的结构、功能、发生、发展规律的综合性学科。社会学从过去主要研究人类社会的起源、组织、风俗习惯，逐步转变为研究现代社会的发展和社会中的组织性或者团体性行为。在社会学中，人们不是作为个体，而是作为一个社会组织、群体或机构的成员而存在。

社会学作为一门研究社会问题，解决社会问题的实用性学科，其研究方法既有定性方法，也有定量分析。社会学家常用定量研究的方法从数量上来描述一个社会总体结构，以此来研究可以预见社会变迁和人们对社会变迁反应的定量模型。这种由拉扎斯费尔德倡导的研究方法，现在是社会学研究中的主

要方法。社会学研究方法的另一个方法是定性研究，包括参与观察、深度访谈、专题小组讨论等收集资料的方法，以及基于扎根理论、内容分析等定性资料的分析方法。从事定性分析的社会学家认为，定性分析方法可以加强理解"离散"性的社会和独特性的人文。而且定性

拉扎斯菲尔德

131

分析方法从不寻求一致观点，而是互相欣赏各自所采取的独特方式并互相借鉴。绝大多数的社会学家认为，定量和定性这两种研究方式是互补的，而不是矛盾的，它们均是社会学的有用的研究方法论。

社会学出现于19世纪，与西方的工业革命关系密切。社会学作为一门研究社会问题，解决社会问题的实用性学科，其主要目的在于解决社会中的突出矛盾。这个社会矛盾是：这个世界变得越来越小，越来越成为一个整体，个人的世界经验却变得越来越分裂和分散。因而，社会学家不但希望了解是什么

使得社会团体聚集起来，更希望了解社会瓦解的发展过程，从而作出"纠正"。在社会学体系中，"纠正"社会矛盾的观点主要是涂尔干学派所持的观点，而其他派别尤其是法兰克福学派，并不探索对社会的救治，因为他们认为对社会病疾提出的救治方案，往往是把一个小群体的观念强加到绝大多数人的身上，不能解决问题，反而会使问题加重。

如今，社会学家对社会的研究包括一系列的从宏观结构到微观行为的研究，包括对种族、民族、阶级和性别，以及家庭结构、个人社会关系模式等方面的研究。社会学也分化成更多更细的研究方向，比如像犯罪和离婚，人与人之间的关系等。我们相信，随着人类社会的不断发展，人的社会化与组织化的逐步强化，人文主义的深入人心，人类社会矛盾的不断复杂化，社会学的研究课题会越来越具有广阔的空间，

犯罪漫画

而且会逐步显示出社会学对人类社　会发展的独具特色的功能与作用。

社会学的发展简史

"社会学"横跨经济、政治、心理、历史学及人类学，属于一门综合性学科。"社会学"一词由西方社会学之父奥古斯特·孔德首创，他试图使用一种物理学的方法来统一所有的人文学科——包括历史、心理和经济学，从而建立经得起科学规则考验的学科，因而原本他是用"社会物理学"来称呼这个新的学科的。孔德的贡献在于他使得社会学脱离了人文领域。孔德的社会学理念是：所有人类活动都会一致地经历截然不同的历史阶段，如果一个社会可以抓住这个阶段，它就可以为社会病开出有效的药方。下面我们就来回顾一下社会学的发展简史。

19世纪至20世纪出现了一群古典社会学家，主要有孔德、卡尔·马克思、埃米尔·涂尔干、帕累托、马克斯·韦伯。他们的工作涉及宗教、教育、经济、心理学、道德操守、哲学、神学等方面，在社会学上非常有影响力，特别是卡尔·马克思更是经济社会学的巨头。第一次关于社会学的国际合作发生于1893年。当时Rene Worms成立了"社会学国际小学院"，最后与创立于1949年的国际社会学家协会合并。1905年成立的美国社会学协会是今天世界最大的社会学家协会。

第一本以社会学为题的著作是19世纪中期，由英国哲学家赫伯特·斯宾塞所著。在美国，1890年肯萨斯大学的"社会学元素"是社会学的第一个课程。1892年，芝加哥大学由艾比安·斯摩尔成立了美

国第一个独立大学学院，并创立了"美国社会学学报"。1895年，法国波尔多大学成立欧洲第一个社会学学院。1904年，伦敦经济及政治学院成立英国第一个社会学学部。1919年，马克斯·韦伯在慕尼黑大学成立德国第一个社会学学部。1920年，Florian Znaniecki在波兰成立波兰第一个社会学学部。

社会学作为一门研究社会问题，解决社会问题的实用性学科，其研究方法既有定性方法，也有定量分析。早期由孔德提出

狄尔泰

的理论研究方式是模仿研究自然科学的方法，即应用相同的方法来探讨社会现象。孔德强调把经验、实证和科学方法作为社会学的研究基础，这也被称为实证主义。事实上，自然科学并没有取代其他社会科学，而是变成一种研究方法。

19世纪早期，以实证主义与自然主义手法来研究社会生活的方式受到了德国的狄尔泰、海因里希·李克尔等新孔德主义派哲学家的质疑。他们认为自然世界跟社会世界是不同的，人类社会有独特的元素，如意义、符号、规则、道德规范及价值，正是这些元素产生了人类文化。于是，马克斯·韦伯根据这个观点发展出"反实证主义"的诠释社会学，强调社会学研究的对象是人类行为的主观意义。诠释社会学使社会学研究特别关注人类及文化价值。

如今的因特网时代催生了社会学的新分支——公共社会学。今天，社会学家通常通过比较法来

研究人类组织和社会制度，特别是在复杂的工业社会组织结构的研究中。从社会发展状况来看，21世纪一定是社会学研究突飞猛进的时代。

社会学的重要流派

"社会学"横跨经济、政治、人类学、历史及心理学，属于一门综合性学科。正是由于其与经济、政治、人类学、历史及心理学等学科间的关系密切，因此才造成了诸多出于不同科学理论立场的社会学流派。下面我们就来分别介绍一些富有代表性的社会学流派与理论。

◆ 马克思主义社会学

马克思主义社会学即从马克思、恩格斯开始的、以历史唯物论为理论基础和指导思想的社会学学说的通称。马克思主义社会学是与从孔德开始的西方社会学相对的另一社会学体系。马克思主义社会学包括马克思、恩格斯本人及其后继者的社会学思想、社会学说，以及当代学者用马克思主义立场、观点和方法所阐述的社会学理论、学说等。20世纪60至80年代，在苏联、东欧各国中占主导地位的是马克思主义社会学。其代表作有苏联的《社会学手册》、民主德国的《马克思列宁主义社会学原理》等。西方各国也有一些学者从事马克思主义社会学的研究和评述，如英国学者博特莫尔的《马克思主义社会学》即是这方面的代表作。在中国，广大社会学者正在努力建立具有中国特色的马克思主义社会学，已经取得了一些进展，并提出了一些新观点。

社会科学一点通

◆ 实证主义社会学

实证主义社会学是社会学的主要派别之一，19世纪上半叶，由法国实证主义哲学家、社会学创始人孔德根据实证哲学思想体系建立。实证主义社会学是在西欧启蒙运动、英国经验主义哲学、以物理学和生物学等重大科学发现为代表的自然科学，以及法国大革命和日益高涨的社会改良运动等背景下产生的。实证主义社会学具有如下特征：

一是明确规定社会学理论及其研究对象的特殊性，反对传统的形而上学思辨的思维方式，使社会学摆脱了思辨哲学的羁绊，成为一门独立的学科。

二是理论原则具有强烈的本体论的自然主义倾向，坚持统一的科学观，认为社会现象与自然现象之间没有本质的差异，都是一种"物"，故而遵从同样的科学法则。这一观点混淆了自然规律和社会规律、自然科学和社会科学之间的区别。

三是在探讨"物"的规律时，认为自然科学的方法完全适用于对人类社会的研究，产生了实证主义社会学的两个重要组成部分——有机进化论和机械论。

四是重视经验和感性资料在社会认识中的重要作用，在方法论上恪守经验主义。

五是强调价值中立，要求在社会学研究中不作任何个人的价值判断，保持严格的客观性和科学性。

六是强调对现实社会生活进行干预，强调社会学理论研究的实践功能，把社会学看作"社会工程学""社会医学"，即强调社会学对现实社会的改造作用。

七是重视对社会秩序、社会平衡和社会稳定性的研究，在政治和意识形态领域内相当保守。

◆ 冲突理论

冲突理论是诞生于20世纪50年代中、后期的一种西方社会学流派，主要代表人物有美国的L.A.科瑟尔、L.柯林斯，德国的R.达伦多

136

塔尔科特·帕森斯

的消退和冲突现象的普遍增长，一些社会学家开始对帕森斯理论产生怀疑。他们吸取古典社会学家，特别是马克思、韦伯、齐美尔等人有关冲突的思想，批评和修正了结构功能主义的片面性，逐渐形成继结构功能主义学派之后的社会学流派——冲突理论。

◆ 社会交换论

社会交换论是当代西方社会学理论流派之一，产生于20世纪50年代末的美国。交换理论最初是针对结构功能主义提出的，在理论和方法上具有实证主义、自然主义和心理还原主义的倾向。社会交换论强调对人和人的心理动机的研究，批判那种只从宏观的社会制度和社会结构或抽象的社会角色上研究社会的做法。在方法论上，社会交换论提出个人是社会学研究的根本原则，认为人类的相互交往和社会联合是一种相互的交换过程。也就是说，社会交换论是对美国心理学家B.F.斯金纳的行为主义心理学、功

夫，英国的J.赖克斯等。冲突理论以率先反对当时占主导地位的结构功能主义而著称，它强调社会生活中的冲突性，并以此解释社会变迁，曾受到19世纪末20世纪初许多社会理论家的关注。

20世纪40年代中期以后，以帕森斯为代表的结构功能主义强调社会成员共同持有的价值取向对于维系社会整合、稳定社会秩序的作用，将冲突视作健康社会的"病态"，并努力寻求消除冲突的机制。20世纪50年代中、后期，随着第二次世界大战后短暂的稳定

能主义的文化人类学和功利主义的经济学的综合。

◆ 符号互动论

　　符号互动论，又称象征相互作用论、符号互动主义，是一种主张从人们互动着的个体的日常自然环境去研究人类群体生活的西方社会学理论派别。符号互动论作为一种关注个体行为的社会理论，最早是由美国实用主义哲学家詹姆斯提出的，产生于20世纪30年代。符号互动论强调人类主体性的理论前提，并关注个体间互动行为的经验研究

取向。

◆ 发展社会学

　　发展社会学的核心是以现代社会变迁特别是"二战"以来的社会变迁为研究对象，研究现代社会在全球或某一国家内发生的背景、方式、过程与目标。总的说来，发展社会学是立足于当今发展中国家的具体实践，在总结和借鉴发达国家现代化经验教训的基础上，对从近代至今的世界各国现代化发展过程的理论、途径、模式和经验等的综合性研究。

社会学学者及著作

◆ 著名的社会学学者

　　社会学起源于19世纪末期，是一门从社会整体出发，通过社会关系和社会行为来研究社会的结构、功能、发生、发展规律的综合性学

科。学科得名于孔德，经过K.马克思、H.斯宾塞、E.迪尔凯姆、M.韦伯等学者的不断发展，逐渐形成有独立研究对象、理论、研究方法的社会科学。社会学家通常运

用经济学、政治学、人类学、心理学等知识来研究人类社会的结构与活动。社会学的研究对象范围广泛，小到个人面对面的日常互动，大到全球化的社会趋势及潮流。其研究对象包括历史、政治、经济、社会结构、人口变动、民族、城市、乡村、社区、婚姻、家庭与性、信仰与宗教、现代化等领域。下面我们就来介绍几位中外著名的社会学家。

费孝通——著名社会学家、人类学家、民族学家、社会活动家，中国社会学和人类学的奠基人之一，第七、八届全国人民代表大会常务委员会副委员长，中国人民政治协商会议第六届全国委员会副主席。1928年入东吴大学，1930年到北平入燕京大学社会学系，1933年考入清华大学社会学及人类学系研究生。1936年夏，费孝通去英国留学。1938年回国后，费孝通在内地农村开展社会调查，研究农村、工厂、少数民族地区的各种不同类型的社区，出版了调查报告《禄村农田》。费孝通与王同惠的《江村经济》流传颇广。费孝通的著作有《生育制度》《乡土中国》《文化论》《人文类型》《工业文明的社会问题》《内地农村》《乡土重建》《费孝通社会学文集》《论小城镇及其他》《边区开发与社会调查》《皇权与绅权》《民族与社会》《非洲的种族》《社会调查自白》《乡镇经济比较模式》《中华民族多元一体格局》《人的研究在中国》《中国城乡发展的道路》《略谈中国的社会学》等。

奥古斯特·孔德——法国著名的哲学家，社会学、实证主义的创始人，1798年1月孔德出生于蒙彼利埃的一个中级官吏家庭。孔德是首次提出"社会学"这一名称的人，他建立起了社会学的框架和构想。奥古斯特·孔德是社会学之父，他创立的实证主义学说是西方哲学由近代转入现代的重要标志之一。

赫伯特·斯宾塞——英国哲学家，进化论的先驱，是"社会达尔

社会科学一点通

费孝通

文主义之父"。斯宾塞提出的学说
把进化理论、适者生存思想应用在

赫伯特·斯宾塞

社会学上，尤其是教育及阶级斗争
上。他对很多课题都有贡献，如规
范、形而上学、宗教、政治、修
辞、生物和心理学等。斯宾塞厌恶
柏拉图学说，他曾说："即使是三
流小说家，也会比他（柏拉图）
强。"杰克·伦敦对斯宾塞不无推
崇，在其代表作《马丁·伊登》中
更是对斯宾塞竭力赞美。

马克斯·韦伯——德国政治经
济学家、社会学家，是现代社会学
和公共行政学最重要的创始人之
一。马克斯·韦伯最初在柏林大学
开始了他们教职生涯，并陆续于维
也纳大学、慕尼黑大学等大学任
教。他对当时德国的政界影响极
大，还曾前往凡尔赛会议代表德国
进行谈判，并参与了魏玛共和国宪
法的起草。

◆ 著名的社会学著作

社会学自诞生以来已有一百多
年的历史，这百年历史中，类社会
的政治、经济、文化、社会结构等
诸多方面的大变化，尤其是各种社

会问题的层出不穷，造成了社会学的研究课题的不断更新、发展，与此同时也促进了社会学的发展。回顾社会学的发展历程，我们可以察觉出其中诞生了许多富有时代意义的著作。下面我们选择其中一二加以介绍。

《社会分工论》——本书是法国社会学家涂尔干1893年的博士论文，是其第一部著作，1893年在巴黎出版。1933年，上海商务印书馆出版了王力翻译的该书中译本。在书中，作者根据维系社会的方式将社会分为两大类：一是"机械团结"的社会，即传统社会。该社会靠成员们高度的一致性、共同的归属感来维系。二是"有机团结"的社会，即近代的分工制社会。在这类社会中，成员间的差异日益增加，但分工合作把他们连接在一起。涂尔干在书中预言，宗教和带有强制性的共同意识将随分工制的扩大而衰落下去。

具体来说，涂尔干认为社会是多元的，是由种种矛盾的部分组成的，要适应相互矛盾的种种需要就必须有一种限定与平衡。涂尔干认为在劳动分工不发达的社会中，社会与个人间的关系是"机械性"的，"集体感情"深植于每一个社会成员的意识中，引导着他们的感情与倾向。人们以报复行动来维护其集体感情的神圣性，这就是早期的刑法。权力制度也是为这种集体感情服务的。基于此种集体感情，社会凝聚力才得以维持。

但随着人类社会的扩展，成

埃米尔·涂尔干

员交往程度的深入，人与人的竞争也激烈起来了。动物应付竞争的办法是分化，人类应付竞争的办法是分工。劳动分工是物竞天择的产物，而非人类自主选择的结果。历史地看，劳动分工与"集体感情"之间存在着一种辩证的关系：一方面，没有集体感情，劳动分工就不可能产生；没有一种彼此贴近的感情，人们之间就不可能合作；没有理解和和睦的精神，人们就不可能对自己的权利作出限定，承认他人的权利。因此，"劳动分工是社会感情在物权领域里的回声"。另外一方面，随着劳动分工的进一步发展，集体感情却变得脆弱和模糊，个体意识越来越摆脱了集体意识的羁绊。

劳动分工可以成为新的社会凝聚力和利他主义的来源。分工使得人认识到个人是不完整的，是需要群体的支持的。分工不仅使经济生活成为可能，更是社会生活、感情生活的基础：两性分工成就了男女婚姻的团结，促进了感情的进化；更广泛的劳动分工也可以成就社会团结，促进了新类型的社会伦理的产生。这样个人与社会之间的关系就可以变为"有机"的。这种关系既为个人留下了自由的余地，也促进了社会的团结。共同意识在新的情况下并不会完全消失，但它必须能够适应更大的空间，朝着理性化和逻辑化的方面发展。普遍观念必须出现，且据有优势地位。共同意识的强制性色彩会越来越少，而这又为个性的进一步发展提供了可能。个人精神生活的发展并不会削弱社会共同意识，反而会使其变得更自由、更博大。

但也存在另一种可能，即社会的冲突与瓦解，涂尔干称之为"失范"。虽然这一部分内容涂尔干写得很简略，但实际上却是对后世影响最大的部分。"失范"的原因可以分为几种：一是集体意识被严重地削弱了，人们从分化的工作中看不到整体的意义。二是强制的分工带来不平等，分工没有了合法性，没有了公正。三是需求不足带来无效率，社会的功能得不到满足，从而可能导致连锁反应。

《经济与社会》——是德国社会学家韦伯的一部重要著作，1921至1922年出版。韦伯在书中全面而系统地表述了他的社会学观点和对现代文明本质的见解。书中第一部分对社会学的定义、对象、方法以及一些最基本的范畴和概念作了详细阐释，统称为社会学的基础。然后阐发了他的经济社会学、法律社会学、政治社会学和宗教社会学思想。韦伯在书中广泛地援引世界历史资料，把发生在不同时代、不同文明和不同社会中的经济形式、法律形式、统治形式和宗教形式纳入他独特的概念体系，分门别类地作出类型化比较研究和系统化因果分析。他以现代西方社会为立足点，通过对古今东西方各种文明的比较，着力突出以理性化为方向的现代西方文明的本质和特征。

韦伯社会学的根基建立在理解人的社会行动的主观意义上，通过对不同社会生活领域的行为类型比较和系统分析，达到对特定文明本质的理解和解释，故该书以"理解的社会学纲要"为副标题，充分体现了韦伯社会学认识上的唯名论倾向和方法上的个体主义特征。书中对经济、政治、法律和宗教的社会行动和社会制度进行了详细的比较分析，试图对社会行动的结构进行阐释。作者把社会学的基本概念、

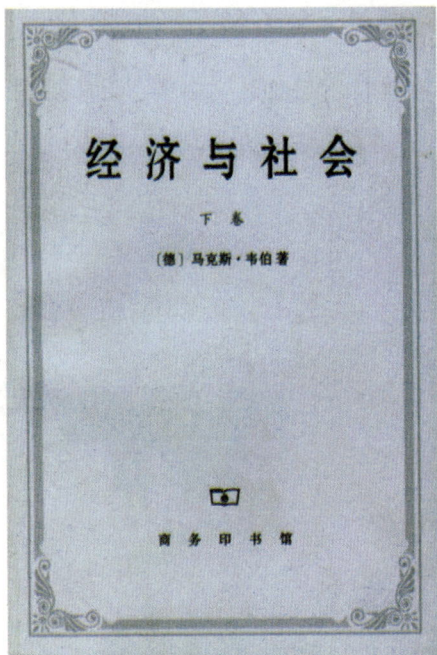

韦伯《经济与社会》

143

范畴和抽象理论与对世界历史的具体理解和解释密切结合起来的追求，以及他在社会科学诸领域的渊博知识和敏锐的洞察力，都得到了学术界的一致肯定。

第八章

探究人心的心理学

　　"心理学"一词源于希腊文，意思是关于灵魂的科学。从科学分类学角度来说，心理学是研究人和动物心理现象发生、发展和活动规律的一门科学。心理学既研究动物的心理也研究人的心理，且以人的心理现象为主要研究对象。总而言之，心理学是研究心理现象和心理规律的一门科学。从科学目的论角度而言，心理学研究动物心理主要是为了深层次地了解、预测人的心理的发生、发展的规律。作为社会科学中的一门重要的分支，心理学与整个人类的社会科学的发展有紧密联系。比如，社会科学的专门化，以及多门科学间的相互补充和合作等，均会影响到心理学的发展。诸如新出现的政治社会学、经济人类学、选举心理学和工业社会学等，都会对心理学产生一定的影响。另外，在传统的社会科学的研究方法——定性分析之外，定量分析的逐步推广，也对心理学的研究方法论产生了影响。定性分析、定量分析、实验与模型研究，是心理学研究的重要支柱。诸如数学方法和其他定量方法以及计算机等分析技术广泛用于心理学，不仅方便了科研和教学，而且提高了科研的质量。本章就来分别说一说有关心理学的发展简史、心理学的三大流派，以及著名的心理学学者及著作等话题。

心理学的定义

"心理学"一词来源于希腊文，意思是关于灵魂的科学。"灵魂"在希腊文中有"气体"或"呼吸"的意思，因为古代希腊人认为生命依赖于呼吸，呼吸停止，生命就完结了。后来，随着科学的发展，心理学的对象由灵魂改为心灵。直到19世纪初，德国哲学家、教育学家赫尔巴特才首次提出心理学是一门科学。心理学、教育学原先都同属于哲学的范畴，后来才各自从哲学中分离出来。具体来说，如今科学的心理学不仅对心理现象进行描述，更重要的是对心理现象进行说明，以揭示其发生发展的规律。另外，对于心理学是社会科学还是自然科学的问题，心理学界一般认为：基础心理学归为自然科学范畴，应用心理学归为社会科学范畴。因此，有人称心理学为"中间学科"。

有人认为"学心理学的人能看透别人的心理，知道他人心里想什么"。其实这些说法是把心理学神化了。实际上，心理学只是一门研究人的心理活动规律的科学。而心理学者只是在尽可能地按照科学的方法，间接地观察、研究或思考人的心理过程（包括感觉、知觉、注意、记忆、思维、想象和言语等过程）是怎样的，人与人有什么不同，为什么会有这样和那样的不同，即人的人格或个性，包括需要与动机、能力、气质、性格和自我意识等，从而得出适用于人类的、一般性的规律，进而运用这些规律去更好地服务于人类的生产和实践。

下面我们来简单回顾下心理学的发展历史。2000年前，古希腊的希波克拉底提出了胆汁质、多血质、粘稠质、抑郁质的四种人格理论。之后古希腊的盖伦提出"气质"概念，用气质代替人格，形成四种气质理论。19世纪前，心理学属于哲学范畴。19世纪中叶，心理学家开始引入实验作为心理学的研究方式，使得心理学成为一门独立的学科。德国的韦伯提出了著名的韦伯定律，即感觉阈限定律。1860年，德国的费希纳开创心理物理学，德国的艾宾浩斯开创记忆的实验研究。1879年，德国的冯特在莱比锡大学建立心理研究，标志着科学心理学的诞生。实证研究方法的运用是这一学科成为科学的转折点。其后的一百多年里，心理学流派迅速发展，学科体系进一步完善。

心理学是研究人和动物心理现象发生、发展和活动规律的一门科学。心理学既研究动物的心理也研究人的心理，而以人的心理现象为主要研究对象。心理学研究动物心理主要是为了深层次地了解、预测人的心理的发生、发展的规律。

心理学的三大流派

精神分析学派、行为主义、人本主义心理学，被称为心理学的三大主要势力，下面我们就来介绍心理学的三大流派。

◆ 精神分析学派

精神分析学派的学者包括创始人弗洛伊德，及他的学生阿费烈德·阿德勒、卡尔·古斯塔夫·荣格、奥图·兰克、卡伦·杭妮、史塔克·苏利文等。精神分析学派是弗洛伊德在其毕生的精神医疗实践中，对人的病态心理经过无数次的总结、多年的累积而逐渐形成的。精神分析学派着重于精神分析和治疗，并由此提出了对人的心理和人格的新的独特解释。弗洛伊德精神分析学说的最大特点是，强调人的本能的、情欲的、自然性的一面，首次阐述了无意识的作用，肯定了非理性因素在行为中的作用，开辟了潜意识研究的新领域。与此同时，精神分析学派重视人格的研究，重视心理的应用。

精神分析由弗洛伊德开创，其影响力远远超出心理学。要想对弗洛伊德的思想有清晰的认识，可以读几本介绍其思想的著作，比如查尔斯·布伦纳所著的《精神分析入门》，该书概括了弗洛伊德的基本思想与精神分析的主要内容；《弗洛伊德和马克思》，该书阐述了精神分析学与马克思主义的关系。

◆ 行为主义学派

行为主义是美国现代心理学的主要流派之一，也是对西方心理学影响最大的流派之一。行为主义可分为早期行为主义、新行为主义和新的新行为主义。早期行为主义的代表人物以华生为首，新行为主义的主要代表人物是斯金纳，新的新行为主义以班杜拉为代表。新行为主义内部化成两派，一派是以斯金纳为代表的激进派，一派是以班杜拉为代表的主张采用更"温和"态度的阵营。

行为主义学派的主要观点是认为心理学不应该研究意识，只应该研究行为，把行为与意识完全对立了起来。在研究方法上，行为主义主张采用客观的实验方法，而不使用内省法。行为主义学派的主要观点有：一是机械唯物主义决定论。二是认为心理学是一门自然科学，是研究人的活动和行为的一个部门，要求心理学必须放弃与意识的一切关系；认为心理学与其他自然科学的差异只是一些分工上的差异；而且认为必须放弃心理学中的概念，如意识、心理状态、心理、

意志、意象等。三是极力要求用行为主义的客观法去反对和代替内省法，认为客观方法有四种，即自然观察和实验观察法，口头报告法，条件反射法，测验法。

总的来说，早期行为主义者多半从机械唯物论的观点出发，使人们对心理学的对象和方法等最根本问题的看法发生了转折性的变化。特别是在方法论方面，行为主义学派的影响是广泛而深远的。但他们把行为说成是完全被动的，这与行为所表现出来的主动性、适应性等特别不符，从而迫使一些行为主义者开始寻找一条出路，以便既能维护行为的严格决定论，又能解释行为的不确定性。总之，行为主义心理学派促进了心理学的客观研究，扩展了心理学的研究领域。

◆ 人本主义心理学

人本主义心理学是20世纪50、60年代兴起于美国的心理学思潮，主要代表人物是亚伯拉罕·马斯洛、卡尔·罗杰斯。人本主义心理学的学习观与教学观影响了世界范围内的教育改革，是与程序教学运动、学科结构运动齐名的20世纪三大教学运动之一。比如，人本主义心理学基于尊重、真诚、悦纳的"完人"教育观，从人性的角度启示我们重新审视儿童的本性与潜能、需要与自我实现，以及早期教育活动的开展等问题。

人本主义心理学研究的主题是人的本性及其与社会生活的关系，强调人的尊严和价值，反对心理学中出现的人性兽化和机械化的倾向。人本主义心理学主张心理学要研究对个人和社会进步富有意义的问题。在方法论上，人本主义心理学反对用动物心理实验的结果来推论人的心理的行为，主张对人格发展进行整体分析和个案研究。

主要的心理学类别

◆ 普通心理学

普通心理学是研究心理学基本原理和心理现象的一般规律的心理学分支。心理学有许多分支，每一分支分别从不同的角度来研究心理现象。但是，任何一个分支都不可避免地要涉及对心理和心理现象的研究，如心理学的对象和方法，心理的实质和心理现象的规律性等。对这些心理学一般理论问题的阐述，构成了普通心理学的一个重要的研究领域，即心理学基本原理的研究，其研究成果对其他心理学分支有重大意义。

在普通心理学中，对心理学基本原理与心理现象一般规律的研究是两个重要方面。心理学基本原理的研究主要有两类：一类以心理实质的问题为核心，涉及心理与客观现实的关系，如心理与脑、心理与社会、心理与实践的关系，以及心理活动的规律性等，这些通常被称为心理学的哲学问题；另一类以心理的结构问题为核心，涉及心理活动的层次组织和心理现象的分类，如各种心理现象的联系等。

在近代心理学史上，曾出现过许多重要的心理学思潮。如早期的构造心理学、机能心理学，以及行为主义心理学、精神分析、格式塔心理学和巴甫洛夫学说等。它们对心理学的基本原理各有不同的论述，但都对心理学的发展产生了重大的影响。普通心理学对心理学基本原理的研究与一定的哲学思想紧

密地联系着，同时也依赖于心理学具体研究的发展，并常受到邻近学科的影响。心理学的发展离不开基本原理的研究，而随着心理学的科学材料的积累，某些心理学基本原理也将发生变化。在普通心理学中，心理现象一般规律的研究常分为几个领域：感觉与知觉；学习与记忆；思维与言语；情感与意志；人格与个别心理特征。这些领域包括了人的心理活动的极为重要的几个方面。

许多心理学家认为，普通心理学以正常成人的心理活动为研究对象。从整体上看，正常成人的心理活动达到了心理发展的高级水平，体现出人类心理活动的特征，具有典型性。但是，普通心理学并不研究人的某一年龄阶段或某一特定社会生活领域中的心理现象的特殊规律，而是研究心理现象的一般规律，如有关感受性的测量和各种感知觉的机制，学习与记忆的形式和过程，思维的各种操作，言语的知觉和理解以及能力的测量、人格的

结构等。这些研究所得到的结果具有一定的普遍意义，在一定程度上能适用于人的不同年龄和不同的活动领域。

可以说，普通心理学主要通过对正常成人的心理活动的研究来揭示心理现象的一般规律。在心理现象一般规律的研究方面，普通心理学与其他心理学分支是彼此紧密结合的，特别是与实验心理学有着密切的联系。普通心理学概括了其他心理学分支的研究成果，带有综合的性质。随着科学研究的发展，在普通心理学领域又出现了许多心理学分支，如感觉心理学、知觉心理学、记忆心理学、思维心理学以及情感心理学、个性心理学等，它们同样带有综合的性质，体现出普通心理学与其他心理学分支间的相互联系和相互渗透。

在心理学众多分支中，普通心理学占有特殊的地位。它从更广阔的理论角度来研究心理现象，是心理学的基础研究领域，对心理学的发展起重要作用，并能反映出心

理学的发展水平和倾向。一些心理学家认为，普通心理学也是一门介乎自然科学和社会科学之间的边缘学科。它既涉及心理的自然方面，主要是心理的神经生理基础，也涉及人们的社会生活条件。但不同的问题可以有不同的侧重，有些问题可侧重自然科学方面，有些问题可侧重社会科学方面，对认识过程或对情感、人格等心理现象的研究都是如此。

当前，普通心理学在心理学的基本原理和研究领域两个方面都在发生变化，具体表现在以下两个方面：

首先，认知心理学对普通心理学有越来越大的影响。认知心理学的许多具体研究成果已被普通心理学吸收，但更引人注目的是其理论观点已逐渐渗透到了心理学基本原理中。认知心理学倡导信息加工观点，将认知过程看作信息加工过

心理学图片

程，强调研究人的内部心理活动及其机制。它重视策略在信息加工过程中的作用，突出了人的心理活动的主动性和富有智慧的特点。它还力图将各种认识过程统一起来，并进而将认识过程与情感、人格等统一起来，这些都推动了心理学基本原理的进一步研究。

其次，对人的社会行为和意识

状态等领域的研究在普通心理学中的比重有了较大的提高。长期以来，普通心理学以对各种认识过程的研究为主，关于情感、动机、人格以及意识状态等方面的研究则比较少。这种以认识过程为主体的趋势在当前普通心理学中仍然存在。不过，关于人格和意识问题的具体研究，包括情感、动机、需要、性格以及觉醒、睡眠和自我调节等，都有较大的进展，研究领域得到了扩大。

导致这种变化的原因是多方面的，它与各国的社会状况有关，也与发展心理学、社会心理学、医学心理学以及生理心理学等心理学分支对普通心理学的渗透有关。这种变化反映出普通心理学更加注意从人、从整体出发来研究心理现象，这无疑将会使普通心理学更加接近人的实际生活。

◆ 毕生发展心理学

毕生发展心理学是在20世纪70年代，由巴尔泰斯和沙伊厄等人提出的一种比较流行的发展心理学研究方向。他们认为，发展心理学应研究人类从胚胎到死亡的全过程，而不应只研究人类发展过程中的某一阶段。在此之前以发展为名的心理学多数实际上只限于儿童发展阶段的研究，对于成年及老年的发展问题则极为忽视，只是后来才开始注意老年的研究。

持毕生发展心理学观点的研究者认为，人从胚胎到死亡始终是一个前进的发展过程。人的生命是一

老 人

个连续过程，生命的每一阶段都受以前时期的影响，同时也影响着以后的发展阶段。毕生发展着眼于研究人的全部发展过程，研究从产前到死亡的全部行为变化规律。毕生发展心理学家认为，人的发展和衰老不只是一个生理过程，同时也是社会环境作用的结果，人的身心发展不能脱离某一时代的社会环境。

不同年龄阶段的人生活在不同的环境之中，所谓人的老年化是因为老一辈人与新一代人具有不同的教育情况、社会背景及文化特点，造成他们之间具有不同的生活习惯和价值观念。青年人把上一代人的不同行为表现看作是老年化的结果，事实上，随着年龄的增长，言语能力、判断力及学会的各种技能等所谓的晶体智力并不会减退，只有知觉、记忆、运算速度等流体智力会有所减退。

由于现代社会的快速进步，社会观念和技术手段的不断更新，上一代人所掌握的知识和技能很快就变得无用了，也没有能够得到及时的补充和更新，而这却被青年人看作是老年化的标志。事实上，人到老年仍有较大的学习潜力，如果能不断地适应新的社会思想，及时掌握新技能，追随时代潮流，则必然会延缓"衰老"进程。随着社会的逐渐老年化，老年人的继续教育将

老年大学

成为适应社会发展的必要手段。

心理学学者及著作

◆ 著名的心理学学者

"心理学"一词源于希腊文，意思是关于灵魂的科学。从科学分类学角度来说，心理学是研究人和动物心理现象发生、发展和活动规律的一门科学。下面我们就来介绍

弗洛伊德

几位著名的心理学学者。

弗洛伊德——精神病医生，他从自己的医疗实践中发展起来了精神分析的治疗方法，同时建立了精神分析的学说。弗洛伊德认为，人的心理包含着两个主要的部分：意识和无意识。意识是能够觉察得到的心理活动；无意识包含人的本能冲动，以及出生以后被压抑的人的欲望。这种欲望因为社会行为规范不允许其得到满足，因而被压抑到内心深处，意识不能将其唤起。它不同于觉察不到的通常意义上的无意识，为区别起见，后来经常将其叫做潜意识。后来，弗洛伊德又提出前意识的概念，认为前意识是介于意识和无意识之间的一种中间心理状态。它是那些此时此刻虽然意

识不到，但在集中注意认真回忆搜索的情况下，可以回忆起来的经验。弗洛伊德还把人的心理结构分为三个层次：本我、自我、超我。他认为三者发展平衡，就是一个健全的人格，否则就会导致精神疾病的发生。由于弗洛伊德的强调和重视，潜意识动机的作用，以及儿童期经验对人的心理及人格的影响才为心理学界所认识，对心理学理论和临床实践的发展，乃至整个文化艺术的发展都产生了深远的影响。

马斯洛——亚伯拉罕·马斯洛，美国社会心理学家、人格理论家和比较心理学家，人本主义心理学的主要发起者和理论家。1926年入康乃尔大学，三年后转至威斯康辛大学攻读心理学。1935年在哥伦比亚大学任桑代克学习心理研究工作助理。1951年被聘为布兰戴斯大学心理学教授兼系主任。第二次世界大战后转到布兰代斯大学任心理学教授兼系主任，开始对健康人格或自我实现者的心理特征

进行研究。曾任美国人格与社会心理学会主席和美国心理学会主席，是《人本主义心理学》《超个人心理学》杂志的首任编辑。主要著作有《动机与人格》《存在心理学探

亚伯拉罕·马斯洛

卡尔·古斯塔夫·荣格

索》《宗教、价值观和高峰体验》《科学心理学》《人性能达的境界》等。

卡尔·古斯塔夫·荣格——荣格，瑞士著名心理学家、精神分析学家，是现代心理学的鼻祖之一。荣格在西方的"正统"心理学中，堪称是异教徒。荣格师承弗洛依德，也确从弗洛依德身上学到不少本事，弗洛依德甚至私下说"荣格是天才"。初期两人都有英雄惜英雄的悸动，弗洛依德写信给荣格时说："如果我是摩西，你就是约书亚，将要拥有精神医学允诺之地。"但蜜月期很快过去，1912年荣格发表了《力比多的变化与象征》，与弗洛伊德产生了分歧，主要分歧在于对力比多的解释。弗洛伊德认为力比多完全是性的潜力，荣格则认为它是一种普遍的生命力，表现于生长和生殖，也表现于其他活动。由此，荣格全盘推翻了弗洛依德的理论。荣格曾不讳言的说，他的心理学理论，除了一

部分来自"临床心理学经验"之外，另一部分则是来自外部渠道与途径，包括东方宗教在内的所有学问。荣格的著作《心理学与宗教：西方与东方》是其对佛学的最佳注释，其他著作还有《无意识过程心理学》《心理类型》《记忆、梦、思考》等。

◆ 著名的心理学著作

心理学既研究动物的心理也研究人的心理，且以人的心理现象为主要研究对象。换言之，心理学是研究心理现象和心理规律的一门科学。下面我们就来介绍几部著名的心理学著作。

《梦的解析》——是弗洛伊德的名著，发表于1900年。本书引用了大量的梦作为实例，对有关梦的问题从各个方面进行认真的探讨。从性欲望的潜意识活动和决定论观点出发，指出梦是欲望的满足，绝不是偶然形成的联想，即通常说的，日有所思，夜有所梦。《梦的解析》将梦分为显相和隐义。显相

是隐义的假面具，掩盖着欲望（隐义）。弗洛伊德解释说，梦是潜意识的欲望，由于睡眠时检查作用松懈，趁机用伪装方式绕过抵抗，闯入意识而成梦。梦的内容不是被压抑与欲望的本来面目，必须加以分析或解释，释梦就是要找到梦的真正根源。

《心理类型》——本书是心理分析大师荣格的代表作。荣格1907年结识弗洛伊德，并成为其主要的合作者，后来因质疑及批评弗氏的理论和分析方法，导致两人关系破裂。荣格反对弗氏以性欲来解释一切人类行为的做法，而发展出他自己的"分析心理学"，研究心灵的结构与动力，其中包括对心理类型（内倾与外倾）的描述，对人类"集体潜意识"的探索，以

及研究人有目的的心理发展结合"个体化"过程的概念等等。荣格将"分析心理学"视为释放创造力和促进个人心理发展的治疗方法，艺术、历史、神话、哲学等皆是其中的重要元素，它超越了一般心理学的局限，强调人类的宗教性本质，并指引出一条如何开展神性的道路。《心理类型》的内容主要有：古代和中世纪思想史中的类型问题；古代的心理学：诺斯替教、

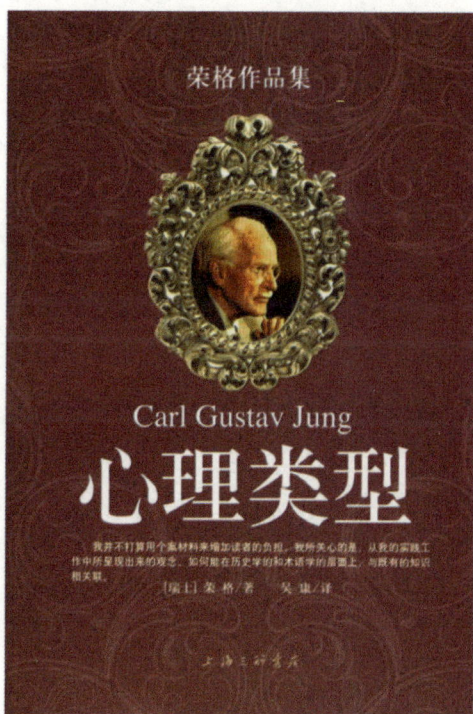

荣格作品集

Carl Gustav Jung

心理类型

我并不打算用个案材料来增加读者的负担，我所关心的是，从我的实践工作中所呈现出来的观念。如何把在历史学的和术语学的层面上，与既有的知识相关联。

[瑞士] 荣格／著　吴康／译

上海三联书店

《心理类型》

德尔图良和奥利金；古代教会的神学论争；唯名论和唯实论；优势功能与劣势功能；关于基本本能；太阳神精神与酒神精神；人类性格区分中的类型问题；内倾型女性；外倾型女性；外倾型男性；内倾型男性；诗中的类型问题；和解象征的意义；女性崇拜和灵魂崇拜；心理病理学中的类型问题；美学中的类型问题；现代哲学中的类型问题；传记中的类型问题等。

《动机与人格》——本书是人本心理学的奠基者之一、有"人本心理学之父"之称的马斯洛的心理学遗产。《动机与人格》是马斯洛最重要的著作之一，奠定了他的学术地位。在这本著作中，他提出了许多精彩的理论，包括人本心理学科学观的理论、需要层次论、自我实现理论、元动机理论、心理治疗理论、高峰体验理论等，其中需要层次论是马斯洛心理学中影响最大的理论之一。本书是马斯洛学说的奠基作，主要围绕需要层次论和自我实现论来阐述其基本观点。本书包含了马斯洛对人类心理学的重要发问和早期探索，在创建一个积极和全面的关于人性的观点方面有着巨大的影响。

第九章

修养身心的教育学

　　社会科学大体包括经济学、政治学、社会学、教育学及社会心理学。在20世纪晚期，行为科学理论广泛应用于社会科学的各个学科。与此同时，在现代科学的发展进程中，新科技革命为社会科学的研究提供了新的方法手段，社会科学与自然科学相互渗透的趋势日益明显。

　　作为社会科学体系中的重要分支学科的教育学，其研究对象是人类教育现象和问题，以及教育的一般规律。教育学研究的是教育、社会、人三者之间以及教育内部各因素之间内在的本质的联系和关系，具有客观性、必然性、稳定性、重复性。另外，教育是广泛存在于人类生活中的社会现象，是有目的地培养社会人的活动。现代教育实践的发展，对教育学研究提出了更新、更高的要求，例如教育本质问题；教育、社会、人三者的关系问题；教育目的、内容，教育实施的途径、方法、形式以及它们的相互关系问题；教育过程问题；教育主体问题；教育制度、教育管理问题；反映中国特色的各种教育理论和教育实践问题等。总之，教育学是通过对各种教育现象和问题的研究，进而揭示教育的一般规律的学科。本章就来分别谈一谈诸如教育学概述、教育学简史、教育思想与流派、著名教育学学者及著作等话题。

教育学的定义

教育学是通过对各种教育现象和问题的研究，以揭示教育的一般规律的学科。中国古代如孔子、孟子、荀子、墨子、朱熹等思想家和古希腊的柏拉图、亚里士多德，古罗马的昆体良等在长期教育实践中所作出的经验总结，为教育理论的产生奠定了基础。随着社会和教育实践的发展，教育经验、教育思想和教育理论日益丰富。17世纪，捷克教育家夸美纽斯所著的《大教授学》是教育学产生的标志。而最早以"教育学"命名的专著则是19世纪初德国教育家赫尔巴特的著作《普通教育学》。19世纪中叶以后，马克思主义的产生，近代心理学、生理学的发展，为教育学的科学化奠定了辩证唯物主义哲学和自然科学基础。现代生产和科学技术的发展，教育实践的广泛性、丰富性，则进一步推动了教育学的发展。

孔子讲学

教育学的研究对象是人类教育现象和问题，以及教育的一般规律。教育学研究教育、社会、人之间和教育内部各因素之间内在的本质的联系和关系，如教育与社会的政治、生产、经济、文化、人口之间的关系，教育活动与人的发展之间的关系，教育内部的学校教育、社会教育、家庭教育之间的关系，小学教育、中学教育、大学教育之间的关系，中学教育中教育目标与教学、课外教育之间的关系，教育、教学活动中智育与德、体、美、劳诸育之间的关系，智育中教育者的施教与受教育者的受教之间的关系，学生学习活动中学习动机、学习态度、学习方法与学习成绩之间的关系等等，都存在着规律性联系。教育学的任务就是要探讨、揭示这些教育关系背后的规律，阐明各种教育问题，建立教育学理论体系。

教育学的发展简史

在教育学的历史上有多种教育思想与理论，而这些理论思想的诞生与发展历史也演绎着教育学本身的历史。具有影响力的教育思想理论主要有形式教育论、实质教育论、自然主义教育思想、国家主义教育思潮、实验教育学、文化教育学、实用主义教育学、制度教育学、马克思主义教育学、批判教育学等等。

形式教育论起源于古希腊，纵贯整个中世纪，形成于17世纪，盛行于18至19世纪，衰落于20世纪初，主要代表人物是洛克和裴斯泰洛齐。实质教育论起源于古希腊和古罗马，在中世纪受压制，形成于18世纪，兴盛于19世纪，20世纪初衰落，主要代表人物是赫尔巴特和斯宾塞。形式教育论和实质教育论各有自己的哲学、心理学及社会基础，因而各有合理与偏颇之处。

自然主义教育思想源于古希腊的亚里士多德，形成于文艺复兴时期，兴盛于18世纪，延续至19世纪，对20世纪的人类教育思想也有影响。主要代表人物是拉特克、夸美纽斯、卢梭、裴斯泰洛齐等。国家主义教育思想源于古希腊的柏拉图，伴随着近代欧美民族国家的出现而产生，在19世纪达到高潮。其代表人物为法国的孔多塞、爱尔维修，德国的费希特，美国的杰斐逊等人。自然主义与国家主义教育思潮一起，从内在和外在两个方面推动了西方各国教育的现代化进程，确立了现代教育的一些基本理念。

20世纪是教育学活跃的一个世纪，出现了众多流派，主要有实验教育学、文化教育学、实用主义教育学、制度教育学、马克思主义教育学、批判教育学。其中，实验教育学是19世纪末20世纪初在欧美一些国家兴起的用自然科学的实验法研究儿童发展及其与教育的关系的理论。其代表人物是德国的梅伊曼和拉伊。文化教育学，又称精神科学教育学，是19世纪末以来出现在德国的一种教育学说，代表人物有狄尔泰、斯普朗格、利特等人。制度教育学是19世纪末20世纪初在美国兴起的一种教育思潮，代表人物是美国的杜威、克伯屈等人。

马克思主义教育学包括两部分内容：一部分是马克思恩格斯以及其他马克思主义经典作家对教育问题的论述；一部分是苏联和中国的教育中的学家们根据和运用马克思主义的基本原理（包括教育原理）对现代教育中的一系列问题的研究结果。代表人物有克鲁普斯卡娅、加里宁、凯洛夫、杨贤江。批判教育学是20世纪70年代后兴起的一种教育思潮，也是当前在西方教育理论界占主导地位的教育思潮，代表人物有美国的鲍尔斯、金蒂斯、阿普尔、吉鲁，法国的布厄迪尔等。

在教育学史上，赫尔巴特第一个提出建立"普遍妥当教育学"的

赫尔巴特

理想，但狄尔泰对他的这个理想进行了理论批判，提出了教育目的的"历史性"问题。乌申斯基用大量的事实材料说明了教育和教育理论的"民族性"，提出各个民族应建立具有民族风格的，反映民族精神的教育学。中国在20世纪60年代后期则提出了建设"有中国特色的教育学"的理论，致力于教育学的本土化，以适应有中国特色的社会主义政治、经济和文化发展的要求。

教育思想与流派

教育学是一种从科学的角度研究、分析教育现象与规律的科学。而教育是广泛存在于人类生活中的社会现象，是有目的地培养社会人的活动。教育学通过对各种教育现象和问题的研究，以揭示教育的一般规律。随着社会和教育实践的发展，教育经验、教育思想和教育理论日益丰富。在教育学历史上，流派众多，其中有影响力的教育思想有泛智教育思想、绅士教育思想、自然主义教育思想、要素教育思想、主知主义与集体主义教育思想、实用主义与结构主义教育思想。

◆ 泛智教育思想

泛智教育思想的涵义为：所有的人在一定的年龄阶段都应该接受教育；教育内容应该是全面的，诸如历史的、现实的、自然的、宗教的、社会的、世俗的，所有的科目都应教给儿童。泛智教育思想主张班级授课制，即由学生组成班级，由一位教师面向班级授课，不进行个别指导教学。班级授课制符合资本主义发展对人才培养的要求和普及教育的需要，大大加强了学校工作的计划性与实际的社会效益，是教学组织形式上的一次变革。泛智教育思想的三大教学原则是直观性原则、巩固性原则、循序渐进原则。

◆ 绅士教育思想

约翰·洛克在其著作《教育漫话》中阐述了培养绅士应从体育、德育、智育三方面入手。书的开篇说："我们要能工作，要有幸福，必须先有健康，我们能忍耐劳苦，要能出人头地，也必须先有健康的身体。"德育的任务是培养绅士具备理智、礼仪、智慧和勇敢等道德品质。洛克把贯穿于人的一生的美德、智慧、教养放在一般人认为是重要的"知识学习"的前面，正体现了其教育思想的特色。在智育方面，洛克强调绅士需要的是"事业家的知识"和"处世经商的本领"，智育的任务首先是发展学生的思维，培养他们清晰地、有逻辑

儿童教育

地、循序渐进地进行判断和概括的能力。

◆ 自然主义教育思想

该教育思想基于自然人理念。自然人的内涵是指：不具有特定的职业的人；在任何情况下，都能坚持做人本分的人。培养自然人的方法是：实施自然教育，就是按照儿童的自然进程，以适合儿童的"内在自然"或天性进行教育，这是自然教育的基本原理。

◆ 要素教育思想

要素教育思想的基本涵义是：教育过程要从一些最简单的、为儿童所理解和接受的"要素"开始，再逐步过渡到更为复杂的"要素"，促进儿童天赋能力的全面和谐发展。要素教育思想易于儿童接受，容易掌握，且用起来方便。

◆ 主知主义与集体主义教育思想

主知主义由赫尔巴特提出，其基本涵义是：教育的最高目的是道德；教学的教育性原则是没有任何"无教育的教学"，即任何教学都包含一定的道德教育内容，任何教学都承担着对学生道德教育的任务。集体主义教育思想的教育原则是：对学生的极大尊重与严格要求相统一；前景教育原则；平行影响原则。

◆ 实用主义与结构主义教育思想

实用主义教育思想由杜威提出。杜威对教育性质提出了三个核心命题：教育即经验的不断改造；教育即生活；教育即生长。实用主义教育思想的"做中学理论"是指"从活动中学"，"从经验中学"，给儿童创设各种活动的情境，指导儿童利用各种材料和工具，进行探究式的学习。实用主义教育思想的教学过程阶段论的内容包括：疑难的情境；确定疑难之所在，并提出问题；提出假设；进行推理；检验假设。结构主义教育思

想在教育内容上，主张学习学科的基本结构；教学方法上，使用发现法；主张早期教育。

杜　威

著名教育学学者及著作

◆ 著名的教育学学者

英国学者培根在《论科学的价值和发展》一文中，首次把"教育学"作为一门独立的科学提出。捷克教育学家夸美纽斯出版了近代第一本系统的教育学著作《大教学论》。英国哲学家洛克出版了《教育漫话》，提出了完整的"绅士教育"理论。法国思想家卢梭出版了

《爱弥儿》，深刻表达了资产阶级教育思想。下面我们就来谈一谈古今中外一些著名的教育学学者。

孔子（公元前551—前479年）——我国春秋时期著名思想家、教育家、儒家创始人。孔子，名丘，字仲尼，今山东曲阜人。祖先原是宋国贵族，后因遭家难，迁居鲁国。孔子三岁时死了父亲，

十七岁失去母亲，家境贫困，没有机会受正规教育，全靠读书自修，精通礼仪、音乐、射箭、驾车、计算等本领。孔子是古代伟大的思想家和教育家，被尊奉为"至圣先师"，历代皇帝每年都要到孔庙祭拜他。而古代民间的学堂里则挂着孔子的画像或设孔子的牌位，孩子们入学的第一件事，就是向孔子磕头行礼。

孔子思想的核心是"仁"。所谓"仁"就是要"爱人"，"己所不欲，勿施于人"。孔子提倡"爱人"，一方面要统治者相亲相爱，加强内部团结；另一方面也要求统治者爱惜民力，不能过分剥削压迫民众。孔子还主张严格遵守"礼"的规定，这"礼"就是周朝制定的用来区分君臣上下、父子尊卑等级的典章制度。自汉以后，他的思想，成为两千年封建文化的正统，影响极大。尽管孔子周游列国宣传他的思想，力求做到"老者安之，朋友信之，少者怀之"，但其一生在政治上不得志。六十多岁回到鲁国后，便埋头于讲学和整理古书之中。

孔子的一大贡献是整理编订了古代文化典籍。孔子以前有不少文献，他一面学习，一面加以整理，同时向弟子传授，经他整理的典籍有《尚书》《诗经》《周易》等。他还根据鲁国的史料，

孔　子

编撰了一部编年史，这就是被后世称为五经之一的《春秋》，开创了私人修撰历史。据司马迁《史纪·孔子世家》记载：孔子生于乱世，周游列国宣传自己的主张，但不被接受，所以发愤修撰《春秋》，寄托他的理想，表达他对邪恶的嫉恨和对正义的褒彰。《春秋》以及"春秋笔法"对后世都产生了很大影响。

孔子主张"因材施教，发展学生的个性特长"的教育思想。孔子在他长期的教育实践中，创立了人性差异的观念，以"性相近也，习相远也"（《阳货》）作为教育实践的指南，并进而提出了因材施教的教育原则。他说："力不同科，古之道也。"（《八佾》）主张根据学生的特点水平，进行不同的教育，即"中人以上可以语上也，中人以下不可以语上也"（《雍也》）。虽然孔子并没有直接提出"因材施教"这四个字，而是由南宋大儒朱熹根据《论语注》中的"夫子教人，各因其材"这八个字归纳而成，但孔子确实有这种"因材施教"的思想，而且孔子的教育实践也实实在在地充分体现了这一思想。

孔子还主张"倡导乐学，培养学生的学习兴趣"的教育思想。孔子是乐学（愉快教学）的积极倡导者。他深知要博学，必须愉快地学；要学习得好，必须心情舒畅，所以启发学生说："学而时习之，不亦说之。"（《述而》）指出学习是一件快乐的事。他还把乐学作为治学的最高境界。他说："知之者不如好之者，好之者不如乐之者。"（《雍也》）他以"知之""好之""乐之"这三种学习的态度相比较，一层深入一层，说明乐学的效果最佳。所以，孔子学习起来"发愤忘食，乐以忘忧，不知老之将至"（《述而》）。他说："饭蔬食，饮水，曲肱而枕之，乐亦在其中矣。"（《述而》）意思说，在学习中发现了乐趣，本身就是一种最高的享受了。那么，即使吃粗粮，喝冷水，弯着

孔子讲学漫画

胳膊做枕头，也有乐趣。孔子善于培养学生学习的兴趣，总是巧妙地把学生领入一个个引人入胜的境地，使他们学起来轻松愉悦。孔子培养学生的学习兴趣、使学生乐学的方法有：一是建立良好的师生关系。师生感情融洽与否，直接关系到学生的学习情绪。所谓"亲其师而近其道"。孔子对学生十分热爱，与学生关系十分融洽，教学态度谦和、民主、诚恳、友爱，教学气氛轻松愉悦。二是正面表扬激励。孔子善于从正面表扬学生、激励学生，即使批评学生，也总是善意的，从不伤害学生的自尊心。总之，孔子是中国古代最伟大的教育家。他打破了"学在官府"的旧传统，首创私人讲学的风气。他还提出了"有教无类"的口号，一改过去只有贵族子弟才能上学的局面。

陶行知——伟大的人民教育家，民主革命家。原名文濬，后受王守仁"知行合一"思想的影响，改名为知行，又改名行知。1891年10月18日生于安徽歙县。1914年毕业于金陵大学，后赴美

国哥伦比亚大学留学。1917年回国，历任南京高等师范学校教授、教务主任等，推行平民教育，创办晓庄师范。陶行知从童年时代起就对民间的疾苦有深切的感受，尤其关注中国的农村，从小就立志为改变中国贫穷落后的面貌和广大中国农民受剥削压迫的悲惨处境而奋斗。1932年起先后创办了"山海工学团""晨更公学团""劳工幼儿团"，首创"小先生制"，成立"中国普及教育助成会"，开展

"即知即传"的普及教育运动。1938年8月，倡导举办"中华业余学校"。1939年7月，在重庆合川的古圣寺创办育才学校，培养有特殊才能的儿童。1946年1月，在重庆创办社会大学，推行民主教育。抗日战争胜利后，陶行知回到上海，立即投入反独裁、争民主、反内战、争和平的斗争中。最终"劳累过度，健康过亏，刺激过深"于1946年7月25日患脑溢血逝世，享年五十五岁。1946年8月11日，延

陶行知

173

安各界举行追悼大会，毛泽东亲笔写了"痛悼伟大的人民教育家陶行知先生千古"的悼词。1946年12月1日，陶行知的遗体被安葬在南京晓庄劳山之麓。陶行知的一生，以"捧着一颗心来，不带半根草去"的赤子之忱，与劳苦大众休戚与共，为人民教育事业，为中国的民族解放和民主斗争事业做出了不可磨灭的贡献，堪称中国近代教育史上的"一代巨人"。

夸美纽斯——扬·阿姆斯·夸美纽斯是17世纪捷克教育家，是人类教育史上里程碑式的人物。他一生致力于民族独立、消除宗教压迫以及教育改革事业，曾担任捷克兄弟会牧师及兄弟会学校校长。夸美纽斯1592年3月28日出生于尼夫尼茨城的一位磨坊主家庭。12岁时失去双亲成为孤儿，被寄养在亲戚家中。1613年，夸美纽斯进了德国海德堡大学。1614年，夸美纽斯回到捷克担任普雷拉乌拉丁语学校的校长，专心研究教学改革问题。期间他编写了教学法指南书《简易语法

规律》。1628至1641年，夸美纽斯一直住在波兰的黎撒。期间他主办了各种类型的学校，撰写了《母亲学校》《语文入门》《大教学论》等著作。1641年，夸美纽斯应邀到伦敦，后转赴瑞典，几年后，又应邀去匈牙利，宣传其泛智教育，开办了泛智学校，并写下了《论天赋才能的培养》《泛智学校》《组织良好的学校的准则》等教育论文。在匈牙利期间，他还撰写了《世界图解》，该书是百科全书式的儿童启蒙教育的教材，流行甚广。1656年夸美纽斯移居荷兰的阿姆斯特丹，在那里生活直至逝世。

夸美纽斯的各类著作共有265种。其中，《大教学论》是西方教育史上第一部体系完整的教育学著作，它全面论述了人的价值、教育的目的及作用、旧教育的弊病、改革教育的必要性和可能性、学制、教学法、体育、德育、宗教教育、学校管理等问题。《母育学校》是历史上第一本学前教育学专著，书中详细论述了学前教育的重要性、

胎教以及学前教育的内容。《泛智学校》是夸美纽斯以泛智论为指导，为其在匈牙利建立的实验学校所拟定的实施计划。夸美纽斯的泛智论是探索将一切有用的实际知识教给一切人的理论，重视普及教育。夸美纽斯主张世上所有的人都应该受教育，并把人的教育划分为4个阶段：即6岁前属幼儿教育阶段；6至12岁为初等教育阶段，入国语学校受教育；12至18岁应入拉丁文学校；18岁以后成人了，应施以大学教育。夸美纽斯提出了普及教育的民主主张，认为"所有男女青年，不论富贵和贫贱，都应该进学校"。为了实现这一主张，他创制了学校体系，发明了班级授课制。

裴斯泰洛齐——裴斯泰洛齐（1746－1827年），瑞士伟大的民主主义教育家。裴斯泰洛齐早年受卢梭教育思想的影响，放弃了神学研究；38岁开始从事一项教育贫苦儿童的计划，让学童一面纺织一面学习，以培养他们的自立能力。裴斯泰洛齐深信每个人都有与生俱来的发展机能和受教育的平等权利。后来由于自己的理想无法实现，转而从事写作。1780年，裴斯泰洛齐出版了《一位隐士的夜晚时刻》，书中概括了他的"教育必须顺乎自然"的理论。裴斯泰洛齐坚信人性具有无穷的应变能力；人的道德修养和知识造诣由他自己负责，而教育则应发展人的天才，使他能够独立思考问题。裴斯泰洛齐在《葛笃德是如何教育她的学生们的》一书中认为德育最为重要。法国大革命后，裴斯泰洛齐收养了许多战后孤儿；为了增强学生们的道德品质，他竭力为他们创造一个充满家庭气氛的环境。他认为这是他一生中最愉快的时期。裴斯泰洛齐主办过两个学校作为教学实验基地，以证实他在德育、智育和体育三方面的教学法。其教学法旨在培养学生自给、自立、自助和助人能力。

裴斯泰洛齐的课程论效法卢梭在《爱弥儿》一书中的计划，强调集体的而非个人的背诵，课程以学

生喜欢的活动为主，如绘画、写作、唱歌、体操、模型制作、采集标本、绘制地图和郊游等。裴斯泰洛齐主张教学要为学生的个别差异留有余地，学生分组要根据能力，而不要根据年龄。裴斯泰洛齐还倡导将正规的教师培训作为实现科学教育的一个组成部分。裴斯泰洛齐教育思想中最突出的一点就是强调情感教育，爱的教育。他强调教育者首先必须具有一颗慈爱之心，以慈爱赢得学生们的爱和信赖。因此，教师要精心照顾好儿童，注意儿童的需要，对儿童的进步和成长报以慈爱的微笑；教师要用亲切的话语、情感、面部表情及眼神打动儿童；当爱和信赖在儿童心中扎下根以后，教师要尽力激励它、增强它，使之不断升华。

知识百花园

夸美纽斯教育名言

（1）青年人应当不伤人，应当把各人所得的给予各人，应当避免虚伪和欺骗，应当显得恳挚悦人，这样学着去行正直。

（2）在人身上，惟一能够持久的东西是从少年时期吸收得来的。一个人假如不从睡在摇篮里的时候开始养成人生的清洁的习惯，那是最危险不过的。

（3）只有受过一种合适的教育之后，人才能成为一个人。

（4）用语言、事物表扬，用警告、训斥、惩罚及对特殊的个别的过错采用体罚，以有教益的惩罚制度，即"持以坦白的态度，出以诚恳的目的"，使儿童理解这样做是对他有好处的，正如吃苦药治病一样。

（5）时间应分配得精密，使每年、每月、每天和每小时都有它的特殊任务。

（6）教师的职业是太阳底下最光辉的职业。

（7）学校没有纪律便如磨房里没有水。

（8）道德行为训练，不是通过语言影响，而是让儿童练习良好道德行为，克服懒惰、轻率、不守纪律、颓废等不良行为。

（9）读书而不理解，等于不读。

◆ 著名的教育学著作

德国哲学家康德在《康德论教育》中明确提出"教育的方法必须成为一种科学"和"教育实验"的主张。瑞士教育家裴斯泰洛齐在其作品《林哈德和葛笃德》中提出"使人类教育心理学化"的主张。德国心理学家和教育学家赫尔巴特被认为是"现代教育学之父""科学教育学的奠基人"，他的《普通教育学》被公认为第一本现代教育学著作。下面我们就来介绍几部重要的教育学著作。

《大教学论》——《大教学论》被称为世界教育史上第一部系统的教育学理论巨著。作者是17世纪的捷克教育家扬·阿姆斯·夸美纽斯。《大教学论》是教育学产生的标志，其副题为"把一切事物教给一切人的普遍的艺术"，1632年出版。1939年，商务印书馆出版了傅任敢的中文译本《大教授学》，后又改译为《大教学论》。《大教学论》反对封建的、经院主义的教育，系统阐述了适应新兴资产阶级要求的教育观点，包括教育的目的、作用、制度、内容和途径；提出教学必须"遵循自然"的原则，并论证了教学的"简易性""彻底性""简明性和迅速性"等原则。

《大教学论》重点阐释了教学理论问题。在《致意读者》中，夸

美纽斯明确表述了《大教学论》的最基本的目的。他说，教学论是教学的艺术，"大教学论"就是要"把一切事物教给一切人的普遍的艺术"。书中详细论证了一系列教学原则和教学规则，提出并论述了一般的教学方法和分科的教学方法，拟订了各级学校的课程设置，确立了学校教学工作的基本组织形式，制订了编写教科书的原则要求，还论述了道德教育、宗教教育、艺术教育和体育等。总之，《大教学论》广泛深入地探讨了教育工作的各种问题，总结了历史的

和当时的教育教学经验，提出了许多宝贵的见解，是西方近代最早的有系统的教育学著作，它为近代教育学的建立打下了基础。

《教育漫话》——《教育漫话》是英国唯物主义哲学家约翰·洛克的代表作，由作者写给友人E.克拉克讨论其子女的教育问题的几封信整理而成，1693年出版。全书的主题是论述"绅士教育"，即论述刚夺得政权的英国资产阶级与新贵族的子弟的教育。洛克认为，绅士要既有贵族的风度，能活跃于上流社会和政治舞台，又有事业家的进取精神，是实干人才；绅士应受体育、德育和智育等方面的教育。《教育漫话》在西方教育史上第一次将教育分为体育、德育、智育三部分，并作了详细论述，对18世纪的法国教育家影响很深。

《教育漫话》共三部分。第一部分论述体育。洛克认为，健康的精神寓于健康的身体，要防止在衣着、饮

英国唯物主义哲学家洛克

食、动静、药物使用等各方面对孩子们娇生惯养，要锻炼出他们能够忍耐劳苦的强健体魄。第二部分论述德育。洛克认为，在绅士的各种品行中，德行应占第一位。真正的绅士要善于获得自己的幸福，而又不妨碍其他绅士获得幸福。德育的基本原则是以理智克制欲望。洛克重视环境与榜样的作用，主张奖励与惩罚要运用得当。洛克认为绅士的言语、动作都要符合其等级与地位，对人应谦恭有礼，举止得体。第三部分论述智育。洛克认为绅士需要的是事业家的知识，不应局限于学习拉丁文和希腊文。他主张孩子们在读、写、算之外，还要学习天文、地理、历史、法律、几何、簿记、法语等等；也要学点工业、农业、园艺的知识和技艺，以利于管理企业，并从这些有益的体力活动中得到消遣，从而使生活更加丰富。在教学方法上，他反对死记硬背，重视培养智力，多作实地观察，诱发学习兴趣。

《爱弥儿》——《爱弥儿》的作者是法国著名启蒙思想家、哲学家、教育家、文学家卢梭。卢梭生于瑞士日内瓦一个钟表匠的家庭，他是18世纪法国大革命的思想先驱，启蒙运动最卓越的代表人物之一。在哲学上，卢梭主张感觉是认识的来源，坚持"自然神论"的观点；强调人性本善，信仰高于理性。在社会观上，卢梭坚持社会契约论，主张建立资产阶级的"理性王国"；主张自由平等，提出"天

卢　梭

赋人权说"，反对专制、暴政。在教育上，他主张教育的目的在培养自然人；反对封建教育戕害、轻视儿童，要求提高儿童在教育中的地位；主张改革教育内容和方法，顺应儿童的本性，让他们的身心自由发展，反映了资产阶级和广大劳动人民从封建专制主义下解放出来的要求。卢梭的主要著作有《论人类不平等的起源和基础》《社会契约论》《爱弥儿》《忏悔录》等。《爱弥儿》的主要内容有：自然人的教育；爱弥儿的诞生；爱弥儿的幼儿时期；爱弥儿的童年时期；爱弥儿的少年时期的教育；爱弥儿的青年时期；爱弥儿的爱情与婚姻。

第十章

察今往古的历史学

　　历史是一个具有多重意义的名词，比如：历史是记载和解释作为一系列人类活动进程的历史事件的一门学科；历史是指沿革、来历；历史是指过去的事实等。确定客观实在的研究对象，是一门科学得以建立的前提和基础。从原理上来说，历史是客观存在的事实，其记载着人类文明的真相。然而记载历史、研究历史的学问却往往随着人类的主观意识而变化、发展，甚至也有歪曲、捏造。历史有着广义、狭义之分，其中广义历史是指客观世界运动发展的过程，分为自然史、人类社会史两方面；狭义历史是指人类社会发生、发展的过程。而历史学是研究历史的学问，简称史学。历史学也有广义与狭义之分：世界上一切科学都可称为历史学，这就是广义历史学；而狭义历史学则是指研究人类社会以往运动发展过程的学问。

　　总而言之，历史学是一门整合型的社会科学，是历史研究主体在马克思主义哲学所提供的一般规律指导下，运用一定的思维认识方式和手段，在与历史客体发生互动作用的过程中，通过对历史客体的分析研究，以理解其特殊规律和特点的一种精神生产实践及其创造出来的产品——历史知识。下面我们就以人们熟知的"历史"为中心来谈一谈历史学，说一说诸如历史学概述、二十四史、各种历史学名词、中国史学八大家及著作，以及古希腊三大史学家及著作等话题。

历史学的定义

历史有广义、狭义之分。广义的"历史"指过去发生的一切事件。在哲学上，这种含义下的历史称为历史本体，如宇宙历史、地球历史、鸟类历史等。狭义的历史则必须以文字记录为基础，即文字出现之后的历史才算历史，在此之前的历史称为史前史。与人类社会相关的历史，又称为人类史、社会史；而脱离人类社会的过去事件称为自然史。一般来说，历史学仅仅研究社会史。

"历史"的含义最早仅用"史"字代表。许慎《说文解字》说："史，记事者也；从又持中，中，正也。"便指出"史"的本意即记事者，也就是"史官"。"历史"一词出现较晚，《三国志·吴书·吴主传》注引《吴书》，吴主孙权"博览书传历史，藉采奇异"。"史"前加"历"字是指经历、历法，也就是人类经历的一段时间。在西方，"历史"一词源出自希腊语"historia"，原义为"调查、探究"，出自古希腊"历史之父"希罗多德的《历史》一书。关于历史的含义有多种不同的诠释，梁启超说："史者何？记述人类社会赓续活动之体相，校其总成绩，求得其因果关系，以为现代一般人活动之资鉴也。"

历史学是以历史为认识对象所形成的一门学问，也可以用"历史"一词代表。历史学的本质是把实际发生的事件转换成以意念和文字形式存在的历史的过程和方法。关于历史学的目的和方法的研究，在西方属历史哲学的范畴。历史哲

社会科学一点通

贝奈戴托·克罗齐

英国哲学家柯林武德又进一步认为"一切历史都是思想史",即历史是历史学家思想的反映,不仅因时代而异,也因人而异。而唯物主义的历史观则认为历史事件是客观存在的,历史是历史学家主观对客观的历史事件的认识。由于人主观的局限性,对客观的历史事件的认识是有限的,主观的认识不能完全符合客观的历史,因此只有不断改进逐渐逼近,这一过程同自然科学的过程一致。这种历史学被称为"历史科学"。

学的出现,意味着历史学从单纯的历史纪录发展成为对历史的解释和对历史规律的探求。在新康德主义和新黑格尔主义的影响下,哲学家开始重新定义历史学。意大利哲学家克罗齐提出"一切真历史都是当代史",认为往事只有在当代人生活中发挥作用才能成为历史,否则是"死的历史",即编年史。

历史学的发展简史

历史学按地域分为世界历史、 亚洲史、欧洲史、非洲史、中国历史；按时代分为史前史、古代史、近代史；按学科分为哲学史、宗教史、思想史、史学史、艺术史、电影史、美术史、建筑史、广告史、文化史、文学史、教育史、博物馆史、经济史、农业史、自然科学史、数学史、医学史、交通史等等。下面我们就来回顾一下历史学的发展简史。

中国是世界上历史最完备的国家，对历史的记录不仅时间长，而且内容精确详细。中国历史自黄帝以来已有五千多年，而自西周共和元年（前841年）以来历史记录精确到年，自鲁隐公元年（前722年）以来则精确到月日。中国的史书分为编年体，纪传体，纪事本末体等体裁，还将"史"列为四种基本学科分类"经、史、子、集"之一。西方学者魁奈说："历史学是中国人一直以其无与匹伦的热情予以研习的一门学问。没有什么国家如此审慎地撰写自己的编年史，也没有什么国家这样悉心地保存自己的历史典籍。"

原始社会中人类通过诸如结绳记事和口传等方法记录历史，例如中国上古传说"黄帝战蚩尤""女娲补天""大禹治水"等。国家出现后，开始有掌管祭祀的"巫"，他们同时担任记录时事、起草公文和掌管文书等工作，是最早的史官。之后才出现了独立职能的史官，专门记录历史事件。这时，中国出现了世界上最早的史书《尚书》，内容是历代政治文件汇编。

女娲补天

从西周共和元年（前841年）起，中国有了按年记载的编年史，从此有了连续不断的历史纪录，这在世界范围内都是极其罕见的。春秋战国时期的史学家如孔子编订《春秋》、左丘明著《左传》，开始重视人类社会活动，从而使历史摆脱了神学和宗教的影响。

西汉时著名的文学家、史学家司马迁撰写了《史记》，创建了纪传体的历史记录体裁；之后东汉时班固著《汉书》，延续发展了《史记》的体例，是中国第一部纪传体断代史。这两部历史著作，奠定了中国古典史学的基础。后来的历史学家沿用《史记》和《汉书》的体裁，将各个朝代的历史汇编成书，组成了"二十四史"。除断代史之外，唐宋期间中国还出现了通史，如唐杜佑的《通典》，宋司马光的《资治通鉴》。其中《资治通鉴》是中国史学史上的奇葩。

西方的历史学始于公元前5世纪，古希腊作家希罗多德在《历史》（又名《希波战争史》）中记录了希腊与波斯之间的希波战争，历史从此自神话和文学中脱离出来成为独立的学科。希罗多德也因此被罗马哲学家西塞罗称为"史学之父"。但希罗多德的记录中真实事件与虚构事件混杂，并不是纯粹的历史。20多年后古希腊人修昔底德所著的《伯罗奔尼撒战争史》治学态度严谨，历史记载翔实，才是西方第一部"信史"。前2世纪，希腊历史学家波里比阿在《通史》（又名《罗马史》）中记录了前218年至前146年73年间罗马帝国周围地中海沿岸各国、各民族的历史，是第一部"世界"通史。

通史、断代史与专史

历史有两个含义：第一个含义是指对人类社会过去的事件和

行动，以及对这些事件行为有系统的记录、诠释和研究，简称"史"。历史可供今人理解过去，作为未来行事的参考依据。历史的第二个含义，即对过去事件的记录和研究，又称为"历史学"，简称"史学"。历史学的分支有年代学、编纂学、家谱学、古文字学、计量历史学、考古学等；记录和研究历史的人，称为历史学家，简称"史学家"，中国古代称为史官；记录历史的书籍称为史书，如《史记》《汉书》等，史书分为"官修""民载"两类。下面我们就来说一说历史中的通史、断代史与专史。

◆ 通　史

通史是指连贯地记叙各个时代的史实的史书。"通史"可以理解为贯通的历史，就是一个国家或地区或世界的从最早文明到现在的历史。西汉司马迁的《史记》，可称为通史，因其记载了上自传说中的黄帝，下至汉武帝时代，历时三千多年的史实。还有司马光的《资治通鉴》，也是著名的通史。通史的内容广泛，所有重要事件和研究课题，如军事、文化、艺术，均应涉及。另外，要在叙述中体现历史发展脉络

司马迁

或贯穿其中的线索，给人一种整体的认识。

以往中国传统史家都倾向编修断代史，如唐朝史学家刘知几最反对修通史，认为通史除了浩瀚难读外，因涉及远古史，找寻资料并不容易。清末以来，史书往往都以通史形式编写，如钱穆的《国史大纲》、黄仁宇的《中国大历史》、白寿彝的《中国通史》、邓之诚的《中华二千年史》等。

相比而言，断代史限于某个时代，但通史却是跨时代式研究，不间断地记叙自古及今的历史事件。用现代史学的口吻来说，这是"大历史观"。清代史学家章学诚认为通史有"六便"和"二长"等八个优点。"六便"是：免重复，均类列，便铨配，平是非，去抵牾，详邻事。"二长"是：具翦裁，立家法。但也有"三弊"，就是：无短长，仍原题，忘标目。

◆ 断代史

断代史是以朝代为断限的史书，始创于东汉班固所著的《汉书》。编年体和纪事本末体的史书，是以朝代为断限的，所以也属断代史。断代史的主要特点是只记录某一时期或某一朝代的历史，如《汉书》。《汉书》是我国第一部记传体断代史，分为12篇纪、8篇表、10篇志、70篇传，共100篇，80万字。记事上起汉高祖元年，下至王莽地皇4年，共229年历史。从《史记》到《明史》的二十四史，除了《史记》以外，均为断代史。

◆ 专 史

专史在中国特指各专门学科的历史，包括典章史（如会要）、学术史（如学案）、传记、族谱、经济史、文学史、史学史等。

历史著作的体裁类别

在我国，历史又分为正史、野史，其中正史即二十四史，延伸含义为可信的历史；野史即是正史之外带有传说性质的"历史"。从中国历史古籍来看，历史著作的体裁主要有编年体（以时间为顺序编撰和记述历史）、历史年表（依时间先后排列的历史资料）、纪传体（以人物传记的方式记叙历史）、传记（即本纪，个人历史的记录）、纪事本末体（以事件为主的历史记录体裁）、国别体（以国家为单位，分别记叙历史事件）。下面我们分别来介绍一下主要的历史著作体裁。

◆ 国别体

国别体以国家为单位，分别记叙历史事件。《国语》是中国第一部国别体史书，又称《国记》，是一部分国记事的历史散文，起自西周穆王，终于战国初年的鲁悼公，分载周、鲁、齐、晋、郑、楚、吴、越等八国的历史。春秋战国之际由晋国的史官编纂成书。《国语》全书共21卷，分《周语》《鲁语》《齐语》《晋语》《郑语》《楚语》《吴语》《越语》八个部分，其中《晋语》最多。全书以记述西周末年至春秋时期各国贵族言论为主，又以有《春秋外传》之称。《国语》重在记实，所以表现出来的思想也随所记之人、所记之言不同而各异。如《鲁语》记孔子语含有儒家思想；《齐语》记管仲语谈霸术；《越语》写范蠡尚阴柔、持盈定倾、功成身退，带有道家色彩。《国语》现存最早的注本，是三国时吴国韦昭的《国语解》。另外有宋代宋庠《国语

补音》、清代洪亮吉《国语韦昭注疏》、汪远孙《国语校注本三种》、董增龄《国语正义》及徐元诰《国语集解》。

《战国策》也是一部国别体史书。书中主要记述了战国时期的纵横家的政治主张和策略，展示了战国时代的历史特点和社会风貌，是研究战国历史的重要典籍。西汉末刘向编定为三十三篇，书名亦为刘向所拟定。另外，西晋陈寿《三国志》也是一部主要记载魏、蜀、吴三国鼎立时期的纪传体国别史，详细记载了从魏文帝黄初元年（220年）到晋武帝太康元年（280年）间60年的历史，受到后人的推崇。

◆ 编年体

编年体以年代为线索编排有关历史事件。编年体史书以时间为中心，按年、月、日顺序记述史事。因为它以时间为经，以史事为纬，所以比较容易反映出同一时期各个历史事件间的联系。编年体史书的优点是便于考查历史事件发生的具

体时间，了解历史事件之间的联系，并可避免叙事重复；缺点是记事按年月分列杂陈，不能集中叙述每一历史事件的全过程，难以记载不能按年月编排的事件，往往详于政治事件而忽略经济文化。

以编年体纪录历史的方式最早起源于中国，《春秋》是我国现存最早的一部编年体史书，相传为孔子依据鲁国史官所编的《春秋》加以整理修订而成的。历史上《春秋》是儒家五经之一，主要记载各诸侯国重大历史事件，宣扬王道思想。因此，"春秋"一词又被用作指我国历史上的一个时期。《左传》是我国第一部较为完备的编年体史书，原名《左氏春秋》，相传为春秋末年的左丘明为解释孔子的《春秋》而作，名为《春秋左氏传》，简称《左传》。后人将其配合《春秋》作为解经之书，与《春秋公羊传》《春秋穀梁传》合称"春秋三传"。

《资治通鉴》，简称"通鉴"，是北宋司马光所主编的一

司马光砸缸

本长篇编年体史书，共294卷，耗时19年。记载的历史由周威烈王二十三年（纪元前403年）起，一直到五代的后周世宗显德六年（959）征淮南，计跨16个朝代，逐年记载详细历史。《资治通鉴》是我国第一部编年体通史，也是我国编年体通史的杰作，在中国史书中有极重要的地位。

◆ 志书体

　　志书体以典制和专题为中心内容记述历史，诸如《史记·八书》《汉书·志》，在正史中只是纪传体的附庸。唐代杜佑的《通典》，是中国首部专门记载典章制度的专门志书体史书，上讫唐始，下讫中唐，详尽记载了唐代的典章制度。后来如南宋郑樵的《通志》、元马端临的《文献通考》和《通典》共称"三通"，都是志书体史书的杰作。明清有《续文献通考》《续通典》《续通志》《清通典》《清通志》等，合称"十通"。

◆ 纪传体

　　纪传体是以本纪、列传人物为纲、时间为纬、反映历史事件的一种史书编纂体例，突出特点是以大量人物传记为中心内容。从体裁的形式上看，纪传体是本纪、世家、列传、书志、史表和史论的综合。本纪，基本上是编年体，兼述帝王本人事迹；世家，主要是记载诸侯和贵族的历史；列传，是各方面代

表人物的传记。书志，是关于典章制度和有关自然、社会各方面的历史；表，是用来表示错综复杂的社会情况和无法写入列传的众多人物。优秀的纪传体史书就是把这些体裁配合起来，在一部史书里形成一个相辅相成的整体。

我国最早的纪传体史书，也是我国最优秀的一部史书是西汉司马迁编纂的《史记》。《史记》从传说中的黄帝写起，一直到汉武帝元狩元年，共计一百三十篇，分为本纪、表、书、世家、列传。本纪以历代帝王为中心，表为大事年表，书记礼制、官制及经济制度等，世家、列传记各诸侯国以及武帝以前的各类重要历史人物，少数民族，

邻近国家的史实。《史记》既是不朽的史书，又是优秀的文学作品，司马迁善用白描手法刻画人物形象。鲁迅称《史记》为"史家之绝唱，无韵之《离骚》"。

中国的官方正史"二十四史"都依照《史记》体例，以纪传体编纂而成。朝鲜、日本的一些史书也是以纪传体写成。南宋出现了克服编年、纪传二体缺陷而综合其优点的纪事本末体。《史记》之后，班固的《汉书》最为后世推崇，它是一部叙述了西汉二百二十九年史事的纪传体断代史。自《汉书》后，以纪、表、志、传为主要形式，以断代为史的史书体例，便成为后世修"正史"的标准形式。

中国的《二十四史》

在中国历史学界，除二十四史之外，还有"三史"，即《史记》《汉书》和东汉刘珍等写的《东观汉记》。《后汉书》出现后，取代《东观汉记》，列为"三史"之一。"三史"加上《三国志》，

称为"前四史"。历史上还有"十史"，是记载三国、晋朝、宋、齐、梁、陈、北魏、北齐、北周、隋朝十个王朝的史书的合称。后来又出现"十三代史"，包括《史记》《汉书》《后汉书》和"十史"。宋代在"十三史"的基础上，加入《南史》《北史》《新唐书》《新五代史》，形成"十七史"。明代又增《宋史》《辽史》《金史》《元史》，合称"二十一史"。清朝乾隆初年，刊行《明史》，加先前各史，总名"二十二史"。后来又增加了《旧唐书》，成为"二十三史"。后来从《永乐大典》中辑录出来的《旧五代史》也被列入正史，经乾隆皇帝钦定，合称"钦定二十四史"。乾隆四年至四十九年武英殿刻印的《钦定二十四史》，是中国古代正史最完整的一次大规模汇刻。1920年，柯劭忞撰《新元史》脱稿，民国十年大总统徐世昌以《新元史》为"正史"，与"二十四史"合

《二十四史》

称"二十五史"。也有人将《清史稿》列入正史，形成"二十六史"。

《二十四史》是中国古代各朝撰写的二十四部史书的总称，是被历来的朝代纳为正统的史书，故又称"正史"。《二十四史》上起传说中的黄帝（前2550年），止于明朝崇祯十七年（1644年），计3213卷，约4000万字。《二十四史》分别是《史记》《汉书》《后汉书》《三国志》《晋书》《宋书》《南齐书》《梁书》《陈书》《魏书》《北齐书》《周书》《隋书》《南史》《北史》《旧唐书》《新唐书》《旧五代史》《新五代史》《宋史》《辽史》《金史》《元史》《明史》。下面我们就来介绍一下《二十四史》。

《史记》——汉·司马迁著，130卷，最初称"太史公书""太史公记""太史公"。"史记"本来是古代史书的通称，从三国开始，"史记"逐渐成为"太史公书"的专名。司马迁的父亲司马谈在汉中央政府做太史令，负责管理皇家图书和收集史料，研究天文历法。司马迁幼年时就很刻苦，二十岁时满怀求知的欲望，游遍了祖国的名山大川，到处考察古迹，采集传说。司马迁通过对历史遗迹和西汉建国前后史实的实地调查，为他后来编写《史记》作了很好的准备。汉武帝太初元年，司马迁开始编写《史记》。《史记》从传说中的黄帝开始，一直写到汉武帝元狩元年，叙述了我国三千年左右的历史。全书有本纪十二篇，表十篇，书八篇，世家三十篇，列传七十篇，共一百三十篇。

《汉书》——东汉·班固著，100卷。班固，字孟坚，扶风安陵人。父亲班彪是一个史学家，曾作《后传》六十五篇来续补《史记》，《汉书》就是在《后传》的基础上完成的。班固后因事入狱，死在狱中。那时《汉书》还有八表和《天文志》没有写成，汉和帝便叫班固的妹妹班昭补作，由马续协助班昭作了《天文志》。班昭是"二十四史"中绝无仅有的女作者。《汉书》记事始于汉高帝刘邦元年，终于王莽地皇四年，是一部断代史。《汉书》把《史记》的"本纪"省称"纪"，"列传"省称"传"，"书"改曰"志"，取消了"世家"，汉代勋臣世家一律编入传。《汉书》新增了《刑法志》《五行志》《地理志》《艺文志》。其中，《刑法志》第一次系统叙述了法律制度的沿革；《地理志》记录了当时的郡国行政区划、历史沿革和户口数字、民情风俗；《艺文志》考证了各种学术别派的源流，记录了存世的书籍；另外，《食货志》是由《平准书》演变来，上卷谈"食"，即农业经济状况；下卷论"货"，即商业和货币的情况，是当时的经济专篇。

《后汉书》——南宋·范晔著，120卷。范晔字蔚宗，顺阳人。他的祖父范宁曾任晋豫章太守，著有《谷梁集解》一书。他的父亲范泰官拜金紫光禄大夫，著有《古今善言》二十四篇。范晔有很

深的家学渊源，生性孤傲。元嘉九年，范晔在为彭城太妃治丧期间，因行为失检得罪了司徒刘义康，被贬为宣城太守。范晔郁郁不得志，就借助修史来寄托他的志向，开始写作《后汉书》；又和谢俨共同完成《礼乐志》《舆服志》《五行志》《天文志》《州郡志》等五志。到了唐代，范晔《后汉书》取代《东观汉记》，与《史记》、《汉书》并称"三史"。《后汉

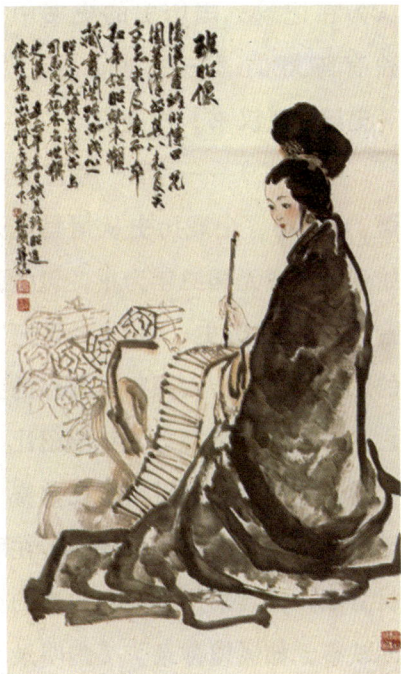

班 昭

书》起于刘秀起兵推翻王莽，终于汉献帝禅位于曹丕。

《三国志》——西晋·陈寿著，65卷，包括《魏书》三十卷，《蜀书》十五卷，《吴书》二十卷，主要记载魏、蜀、吴三国时期的历史。作者陈寿，字承祚，四川南充人。《三国志》有史料不足的困难，因而内容显得不够充实。《三国志》善于叙事，文笔简洁，剪裁得当。后人认为在记载三国历史的史书中，独有陈寿的《三国志》可以同《史记》《汉书》相媲美。

《晋书》——唐·房玄龄等著，130卷，记载历史从司马懿开始到晋恭帝元熙二年为止，包括西晋和东晋的历史；并用"载记"的形式兼述了十六国割据政权的兴亡。唐太宗在贞观二十年下诏让房玄龄、褚遂良、许敬宗担任监修，组织编写《晋书》。《晋书》在取材方面，喜欢采用小说笔记里的奇闻轶事，如《搜神录》《幽明录》中一些荒诞不经之谈。另外，书中

也有记事前后矛盾和疏漏遗脱的地方。还有就是撰史过程中片面追求词藻华丽。

《宋书》——南梁·沈约著，100卷，记述南朝刘宋王朝自刘裕建基至刘准首尾六十年的史实。作者根据何承天、徐爰等所著宋史旧本，撰续成书。书中的《州郡志》记三国以来地理沿革及东晋以来侨州郡县情况；《律历志》全载景初、元嘉、大明三历文字，为历法学的珍贵资料；《乐志》记叙汉魏及两晋乐府情况。沈约是南朝著名史学家、文学家、声律学家。父沈璞，刘宋时为淮南太守，元嘉末年于皇族争权夺位之乱中被害。沈约博通群籍，善属诗文，后世称"隐侯"。

《南齐书》——南梁·萧子显著，59卷，记述南朝萧齐王朝自齐高帝建元元年至齐和帝中兴二年，共二十三年史事，是现存关于南齐最早的纪传体断代史。《南齐书》原名《齐书》，至宋代为区别于李

百药所著《北齐书》，遂改称《南齐书》。萧子显，字景阳，南朝历史学家、文学家。萧子显出身皇族，对南齐许多史事、王室情况很是熟悉，这为他撰著史书提供了有利条件。

《梁书》——唐·姚思廉著，56卷，记载自梁武帝萧衍建国至梁敬帝萧方智亡国共五十六年间的历史，由姚察及其子姚思廉撰写而成。姚察，字伯审，南朝历史学家，于陈朝任秘书监、吏部尚书，于隋朝任秘书丞。姚思廉，字简之，他在撰史工作中充分利用了其父已完成的史著旧稿，最终完成了《梁书》与《陈书》。

《陈书》——唐·姚思廉著，36卷。《陈书》是南陈的纪传体断代史著作，记载了自陈武帝陈霸先即位至陈后主陈叔宝被隋文帝灭国首尾三十三年间的史事。《陈书》中，有帝纪六卷，列传三十卷，共三十六卷，无表志。

《魏书》——北齐·魏收著，130卷。鲜卑族是我国古代东北大兴安岭东麓一个古老的民族。公元三世纪初，鲜卑拓跋部首领猗卢在塞北建立代国。公元386年，拓跋

大兴安岭

鲜卑各部复拥拓跋珪为代王，重建政权。拓跋珪迁都平城，于公元398年改称魏，史称北魏。公元439年中国北方统一，十六国时期的动荡局面从此结束。公元493年，孝文帝拓跋宏迁都洛阳，改姓元氏，推行汉化改革。到宣武帝元恪时，北魏达到鼎盛时期。《魏书》记载了鲜卑拓跋部早期至公元550年东魏被北齐取代这一阶段的历史。魏收，北齐钜鹿下曲阳人，字伯起，小字佛助。魏收与温子升、邢子才号称三才子，但他生性轻薄，人称"惊蛱蝶"。

《北齐书》——唐·李百药著，50卷。北魏末年，北方六镇发生反叛，出身于怀朔镇低级武官的高欢控制了北魏朝政。公元534年，高欢所立的孝武帝元修被逼西奔长安，高欢于是另立孝静帝元善见，迁都邺城，史称东魏。公元550年，高欢之子高洋废孝静帝自立，建立北齐。公元577年，北齐被北周吞并。《北齐书》本名《齐书》，记述了从高欢起兵到北齐灭

亡前后约八十年的历史，集中反映了东魏、北齐王朝的盛衰兴亡。李百药，字重规，河北安平人，出身仕宦之家，博览经史著作。

《周书》——唐·令狐德棻等著，50卷。北魏末年，出身于北魏北方六镇中武川镇的宇文泰率领一批以武川镇人为主的鲜卑族军队，建立起西魏政权。宇文泰的第三子宇文觉在公元557年代魏建周，史称北周。公元577年，北周灭北齐，统一中国北方。公元581年，杨坚代周，建立隋朝。《周书》记述了从公元534年东、西魏分裂到杨坚代周为止四十八年的西魏、北周的历史。

《隋书》——唐·魏征等著，85卷。《隋书》是现存最早的隋史专著，也是《二十四史》中修史水平较高的史籍之一，有明确的指导思想。下令修隋史的唐太宗亲历了灭隋的战争，明确提出"以古为镜，可以见兴替"的看法，以史为鉴就成了修隋史的指导思想。主编魏征刚正不阿，他主持编写的纪

传，较少曲笔，不为尊者讳。《隋书》保存了大量政治、经济以及科技文化资料。

《南史》——唐·李延寿著，80卷，是合南朝宋、齐、梁、陈四代历史为一编的纪传体史著，记事起自南朝宋武帝刘裕永初元年（420年），止于陈后主陈叔宝祯明三年（589年），记述南朝四代一百七十年的历史。《南史》与《北史》为姊妹篇，由李大师及其子李延寿编撰完成。李大师，河南安阳人，由隋入唐的历史学家。他认为南北朝时期各朝的断代史彼此孤立，记事重复，又缺乏联系，所以他打算采用编年体撰写《南史》与《北史》，使南朝与北国各代的历史分别统编于这两部史著之中。李延寿，字遐龄，唐初历史学家，曾任崇贤馆学士，官至符玺郎，他完成了《南史》与《北史》的写作。

《北史》——唐·李延寿著，100卷，记述北朝从公元386年到618年，魏、齐（包括东魏）、周（包括西魏）、隋四个封建政权共二百三十三年的历史。《北史》主要是在魏、齐、周、隋四书基础上删订改编而成的。

《旧唐书》——后晋·刘昫等著，200卷。《旧唐书》是现存最早的系统记录唐代历史的一部史籍，原名《唐书》，宋代欧阳修、宋祁等编写的《新唐书》问世后，才改称《旧唐书》。《旧唐书》由于成书仓促，在材料的占有与剪裁、体例的完整、文字的简洁等方面，都存在不少缺点。

《新唐书》——宋·欧阳修、宋祁著，225卷，前后作者有欧阳修、宋祁、范镇、吕夏卿、王畴、宋敏求、刘羲叟等人。其中，列传主要由宋祁负责，本纪、志、表主要由欧阳修负责。比起《旧唐书》来，《新唐书》中增加了以前各史所没有的《仪卫志》《兵志》。

《旧五代史》——宋·薛居正等著，150卷。《旧五代史》原名《五代史》，也称《梁唐晋汉周书》，后人为区别于欧阳修的《新

一代文宗欧阳修

五代史》，将其改称为《旧五代史》。从公元907年朱温代唐称帝到公元960年北宋王朝建立的五十三年间，中原地区相继出现后梁、后唐、后晋、后汉、后周等五代王朝，中原以外存在吴、南唐、吴越、楚、闽、南汉、前蜀、后蜀、南平、北汉等十个小国，周边地区还有契丹、吐蕃、渤海、党项、南诏、于阗、东丹等少数民族建立的政权，习惯称为"五代十国"。《旧五代史》记载的就是这段历史。

《新五代史》——宋·欧阳修著，74卷，原名《五代史记》，是唐代设馆修史以后唯一的私修正史。欧阳修，字永叔，号醉翁、六一居士，是北宋古文运动的领袖，唐宋八大家之一，也是著名的史学家。崇儒复古是欧阳修的政治主张，也是他修史的指导思想。在编排体例上，《新五代史》推翻了《旧五代史》一朝一史的基本格局，打破朝代界线，把五朝的人事综合统编在一起，按时间顺序排列。《新五代史》的列传最有特色，设立了《家人传》《臣传》《死节传》《死事传》《一行传》《唐六臣传》《义儿传》《伶官传》《宦者传》《杂传》等名目。一般史书的"志"，《新五代史》称作"考"，如《司天考》《职方考》。

《宋史》——元·脱脱等著，496卷，是《二十四史》中篇幅最庞大的一部官修史书，是在原宋《国史》的基础上删削而成的。《宋史》的主要材料是宋代的国史、实录、日历等书，是保存宋代官方和私家史料最有系统的一部书。

《辽史》——元·脱脱等著，116卷。该书较系统地记载了我国古代契丹族建立的辽朝二百多年的历史，兼载辽立国以前契丹的状况，以及辽灭亡后耶律大石所建西辽的概况，是研究辽、契丹、西辽的重要史籍。

《金史》——元·脱脱等著，135卷，是反映女真族所建金朝的兴衰始末的重要史籍。《金史》是元修三史之一。修三史的都总裁官是右丞相脱脱，参加修《金史》的有铁木尔塔识、张起岩、欧阳玄、王沂、杨宗瑞等，其中欧阳玄的贡献最为突出，书中的论、赞、表、奏皆由他主笔。

《元史》——明·宋濂等著，210卷，是系统记载元朝兴亡过程的一部纪传体史书。明太祖洪武元年（1368年），朱元璋下令编修《元史》；洪武二年，以宋濂、王

契丹马具

为裁、汪克宽等十六人为纂修，开史局于南京天界寺，进行编写。《元史》在很短时间内成书，主要是出于政治上的需要。朱元璋的意图是以此来说明元朝的灭亡和明朝的兴起都出于"天命"，而他自己则是"奉天承运"的真命天子。

《明史》——清·张廷玉等著，332卷，记载了自朱元璋洪武元年（1368年）至朱由检崇祯十七年（1644年）的历史。清朝顺治二年（1645年）设立明史馆，纂修明史；康熙四年（1665年），重开明史馆，因纂修《清世祖实录》而停止；康熙十八年（1679年），以徐元文为监修，开始纂修明史，于乾

隆四年（1739年）最后定稿。《明史》是官修史书中历时最长的一部，以编纂得体、材料翔实、叙事稳妥、行文简洁，为史家所称道。

古希腊三大史学家及其著作

◆ 希罗多德

希罗多德是古希腊伟大的历史学家，他因《历史》一书得到了人们无比的崇敬。古罗马时代，希罗多德就被誉为"历史之父"。《历史》一书叙述了西亚、北非、希腊诸地区之历史、地理及民族习俗、风土人情，以及波斯人和希腊人在公元前478年以前数十年间的战争。希罗多德在欧洲史坛最先对史料采取了一定程度的分析批判态度，创造了叙述历史的新方法，即把记载史实和加以阐释有机结合起来。《希波战争史》是西方历史上第一部比较完备的历史著作，是世界历史文库中的瑰宝，希罗多德无愧于西塞罗赠予他的"史学之父"的美名。

《历史》又名《希腊波斯战争史》，是西方史学中最早的一部历史著作，与《史记》并为东西方史学奠基之作。《希腊波斯战争史》取材广泛、规模宏大、史料充实，充满了浪漫想象。该书不仅记载了政治、军事、外交等方面有关希波战争的史实，还广泛涉及了古代埃及、巴比伦、叙利亚、波斯和小亚细亚各国的自然地理、风俗民情、宗教文化和社会经济情况，展示了古代20个国家和地区的民族生活图景，被西方学者誉为"第一部世界性的社会文化史"和"百科全书式"的著作。作为古代军事历史著作，《希腊波斯战争史》也简单提及了军队的组织、训练、谋略和战法，对后人了解古代西方的军事发展有重要参考意义。从内容上看，《希腊波斯战争史》可分为两大部分：从第1卷到第5卷的第27节为前半部，泛论波斯帝国的扩张过程，以及小亚细亚、埃及、叙利亚、利比亚等地的情况；从第5卷的第28节起为后半部，专门叙述希波战争的经过。

◆ 修昔底德

修昔底德是古希腊历史学家，公元前424年当选为将军。同年冬，斯巴达将领布拉西达斯进攻雅典在爱琴海北岸的重要据点安菲波利斯，修昔底德指挥色雷斯舰队支援。按编年体记事的《伯罗奔尼撒战争史》，是修昔底德用30余年的时间编写的一部未完成之作。修昔底德善于借书中历史人物之口，用自己审时度势撰写的演说辞阐述与伯罗奔尼撒战争有关的各种问题。修昔底德自称，垂训后世是他修史的目的；他相信存在共通的人性，历史发展有一定的规律，过去的事可供后人借鉴。他对历史资料采取

严格批判的态度，努力辨清真伪；他力图揭示历史事件之间的因果关系，对神谶和灵祥灾异之说持否定态度。

公元前431—前404年，以斯巴达为首的伯罗奔尼撒同盟和雅典帝国，一个在陆上称雄，一个在海上称霸，双方展开了长期的拉锯战。正当双方两败俱伤时，虎视眈眈的波斯人借机干涉，最终协助斯巴达人击败雅典，摧毁了雅典的海上帝国。亲历这场大战的历史学家修昔底德，以其客观冷静的态度，生动的史笔，简洁的文字，全面记载了战争的主要史实，描述了战争期间

修昔底德

人们心理心态的微妙变化，综合探讨了历史因果关系，创立了科学的治史原则，是西方史学史上第一位真正具有批判精神和求实态度的历史学家，被誉为"求真的人"。《伯罗奔尼撒战争史》是修昔底德的传世之作，分为8卷，第1卷回溯希腊远古的历史；第2、3、4卷记述战争第1至9年的事情；第5卷记述第10至16年的历史，如尼基阿斯各约、米洛斯事件等；第6、7卷记述第16至19年的历史，主要是对西西里的远征；最后一卷记述第19至21年的历史。

◆ 色诺芬

色诺芬，古希腊历史学家、作家，苏格拉底的弟子，著有《远征记》《希腊史》以及《回忆苏格拉底》。色诺芬的史学贡献表现在三个方面：一是扩充了历史著作的记述范围，涉及到政治、哲学、军事、经济等诸多领域。二是开创了以人叙史的新体裁。他在《希腊史》中非常注意集中叙述历史人物的活动，他的《阿格西拉于斯传》和《居鲁士的教育》等著作则初步形成了比较典型的传记体体裁。三是重视经济生活。色诺芬比当时任何一个史学家都要重视人们的经济生活以及经济因素在社会生活中的重要地位。他最早使用了"经济"这个词，第一次比较系统地阐述了奴隶主经济理论，详细地记述了古希腊城邦的经济事务。《远征记》是色诺芬最出色、流传最广泛的著作，是根据他率领的希腊雇佣军历尽艰辛、从波斯回到希腊的悲壮经历而写成的。书中记录了雇佣军所经过地区的地理风貌和人情习俗，有很高的史料价值。

第十一章

生死较量的军事学

战争是人类社会发展到一定历史阶段出现的特殊社会现象。原始社会晚期，部落或部落联盟之间的暴力冲突，可看作是战争的初始形态。进入阶级社会后，战争便成为阶级与阶级、民族与民族、国家与国家、政治集团与政治集团之间矛盾斗争的最高形式，为政治的延续。军事是以准备和实施战争为中心的社会活动，诸如武装力量的组织、训练和作战行动，武器装备的研制、生产和使用，战略战术的研究和应用，战争物资的储备和供应，国防设施的计划和建造；后备力量的动员、组织和建设等都属于军事。而军事学是研究战争的本质和规律，并用于指导战争的准备与实施的科学。人类社会的各个阶级、民族、国家、政治集团为了准备战争和争取胜利，都在竭力探索战争的规律，研究武装力量的建设和使用。经过不断的发展，逐步形成了内容丰富的军事科学体系。本章我们就来说一说"军事学"的一些话题，如军事学概述、军事理论与流派、古代中国军事著作，以及一些著名的西方军事战略家及其著作。

军事学的定义

战争是人类社会发展到一定历史阶段出现的特殊社会现象。原始社会晚期，部落或部落联盟之间的暴力冲突，可以看作是战争的初始形态。这种部落战争主要是为了争夺生存条件而引起的。进入阶级社会后，战争便成为阶级与阶级、民族与民族、国家与国家、政治集团与政治集团之间矛盾斗争的最高形式，成为政治的延续。战争绵延不断，愈演愈烈。战争是客观存在，有其发生、发展和消亡的规律。人们为了指导战争顺利地进行，不断总结战争实践经验，探索战争的客观规律，寻求克敌制胜的手段和方法。军事学就是在这个基础上形成的。

军事学是研究战争的本质和规律，并用于指导战争的准备与实施的科学。人类的战争活动起源于原始氏族社会，此后人类所经历的奴隶社会到封建社会、资本主义社会，都经常发生战争。各个阶级、民族、国家、政治集团为了准备战争和争取胜利，都在竭力探索战争的规律，研究武装力量的建设和使用。经过不断的发展，逐步形成了范围广博、内容丰富的军事科学体系。

军事科学的根本任务，是从客观实际出发，透过极其复杂的战争现象，探索战争的性质和规律。战争规律是客观存在，不以人们的意志为转移。但由于立场、观点和方法不同，人们对战争规律的认识和应用也不尽相同。不同国家的军事科学，由于受本国政治、经济、

思想文化、科学技术状况和历史传统、地理环境等的影响，具有各自的民族特征。

总而言之，军事学是具有特定范畴的独立的科学，它以战争为研究对象。战争是极其复杂的社会现象，是敌对双方力量的总较量。战争的准备与实施涉及各个方面，需要自然科学、社会科学等各种有关的知识，还需要哲学所阐明的世界观、方法论的指导。自然科学的许多成就，特别是科学技术方面的成就，被广泛应用于社会和社会科学的各个领域，尤其是军事方面。所以军事科学是一门综合性很强的科学。

军 队

军事理论简要介绍

一般说来，军事理论主要包括军事思想、军事学术两大块。军事思想，通常包括战争观和战争与军事问题的方法论，战争指导思想，建军指导思想等。它的任务是揭示战争的本质和基本规律，研究武装力量建设和使用的基本原则，并研究具有一定代表性的国家、军队、主要领导人和军事家在战争与军事问题上的基本思想、观点和理论。军事学术是研究战争指导和军队建设的规律和方法的各学科的统称。这些学科包括：战略学、战役学、战术学、军队指挥学、军事运筹

美军士兵

学、军制学、战争动员学、军事教育训练学、军队后勤学，以及军事历史学、军事地理学等。下面我们就来简单扼要地介绍一下军事理论的相关学科。

战略学是研究全局性战争规律的学科。战役学和战术学分别研究战役、战斗的规律和组织实施。有些国家或军事家，把上述各学科所研究的战略、战役法和战术等统称为"战争艺术"或"军事艺术"。军队指挥学是研究军队指挥规律的学科，是随着指挥工作的发展和现代化而从前面三个学科中分化出来

的。军事运筹学是一门新兴的学科，它运用数学和现代计算技术对军事问题进行定量分析和系统筹划，以选取员优或满意方案供军事决策者参考。军制学研究军事力量的组织、管理、发展和储备等各种制度。

战争动员学研究国家由平时状态转入战时状态，并调动人力、物力、财力为战争服务。军事教育训练学主要研究军事理论教育和作战指挥战斗技能等教练活动的规律和方法。军队后勤学主要研究军队后勤建设及后方勤务的组织指挥和财

社会科学一点通

坦 克

务、军械、军需、车辆、油料、营房、卫生和军事交通等保障工作的规律和方法。

军事历史学主要是通过研究过去的战争和军事建设以总结经验，探索军事指导原则和军事发展规律，是一门有悠久传统的学科。它包括战争史、军队史、军事思想史、军事学术史、军事技术史等。军事理论就是在研究军事历史和现实情况的基础上产生和发展起来的。而军事地理学研究军事与地理的

关系，探索地理环境对国防建设、军事行动的影响和在军事上运用地理条件的规律。

中国的军事理论在古代主要以兵书、谋略著作的形式出现，而真正意义上的军事理论则产生于晚清时期，同时这个时期也开始逐步形成了国防军事工业体系。第一次鸦片战争前夕，两广总督林则徐开始搜集外国军事资料，研究敌情；提出组织民众、军民配合、沿海各省协力筹防和以守为战、以逸待劳、在近海和

东莞鸦片战争博物馆

陆地歼敌的抗英方针。战后,魏源等有识之士提出了"师夷长技以制夷"的思想,主张造战舰、制枪炮、练精兵、翻译西方军事科技书籍。第二次鸦片战争失败后,清王朝为了维护自身统治的需要,开始组织学习和引进西方近代军事科学。在半个世纪中,先后开办了江南制造局、福建船政局、汉阳枪炮厂等30多个军工厂,仿制西方枪炮弹药,建造蒸汽舰船,初步建立了近代军事工业体系。

1927年到1949年,国民党政府建立了军事领率机构,以及陆、海、空三军和炮兵、装甲兵等特种兵部队,开办了相应的军官学校,基本上按照西方和日本的操典、条令和教程进行训练;先后组织翻译了日、德、意、英、美等国的许多军事著作,把外国资产阶级军事理论同曾国藩、左宗棠、胡林翼、李鸿章、张之洞等人的治军作战思想掺杂混用。

国民党统治时期的一些爱国将领和军事理论家也著书立说,介绍军事科学研究的成果,传播加强国防建设、抵御外来侵略的思想。如蒋百里在1937年出版的《国防论》一书中,提出长期抗战的主张杨杰在《军事与国防》等书中,对当时的国防问题进行了比较系统的探讨和论述。

中国古代兵法名著

军事科学的根本任务是从客观实际出发,透过极其复杂的战争现象,探索战争的性质和规律。战争规律是客观存在,不以人们的意志为转移。但由于立场、观点和方法不同,人们对战争规律的认识和应

用也不尽相同。不同国家的军事科学，由于受本国政治、经济、思想文化、科学技术状况和历史传统、地理环境等的影响，具有各自的民族特征。如中国的古代兵书不仅体现了中国军事文化的历史悠久，而且字里行间也折射出中国传统文化的特殊魅力。下面我们就来介绍一些除《孙子兵法》之外的中国兵法名著。

◆ 《吴子》

《吴子》又称《吴子兵法》《吴起兵法》，主要总结了战国时期的实战经验，与《孙子》一起并称为"孙吴兵法"，受到历代军事家的重视。《吴子》是继《孙子》后又一部思想精深的兵学论著，在中国古代兵学史上占有极其重要的地位。今《吴子》存六篇，即图国第一、料敌第二、治兵第三、论将第四、应变第五、励士第六。在书中，吴子提出以治为胜，赏罚严明，主张在军队实行"进有重赏，退有重刑"，做到"令行禁止，严不可犯"；提出"用兵之法，教戒为先"，主张通过严格的军事训练，使士兵掌握各种作战本领，提高整个军队的战斗力；强调"简募良材"，根据士兵体力、技能等条件的不同，合理分工和编组，实现军队的优化组合；要求统军将领"总文武""兼刚柔"，具备理、备、果、戒、约的"五慎"条件，掌握气机、地机、事机、力机四个关键因素；提出"审敌虚实而趋其危"，主张先弄清敌人的虚实，选择有利时机进攻，以夺取胜利。

◆ 《三略》

《三略》又称《黄石公三略》《黄石公记》，大约成书于西汉末年。《三略》侧重于从政治策略上阐明治国用兵的道理，不同于其他兵书。它是一部融合了诸子各家的某些思想，专论战略的兵书，北宋神宗元丰年间被列《武经七书》之一。

◆ 《六韬》

《六韬》又称《太公六韬》《太公兵法》，旧题周初太公望（即吕尚、姜子牙）所著，普遍认为是后人依托，作者已不可考。《六韬》是一部集先秦军事思想之大成的著作，被誉为是兵家权谋类的始祖。司马迁《史记·齐太公世家》称："后世之言兵及周之阴权。皆宗太公为本谋。"《六韬》被列为《武经七书》之一，为武学必读之书。《六韬》现存六卷，即文韬（论治国用人的韬略）、武韬（讲用兵的韬略）、龙韬（论军事组织）、虎韬（论战争环境以及武器与布阵）、豹韬（论战术）、犬韬（论军队的指挥训练）。

◆ 《司马法》

《司马法》又称《司马兵法》《司马穰苴兵法》，相传为姜子牙所写。《司马法》最早见于《汉书·艺文志》，称《军礼司马法》，共155篇。《司马法》主要记录了中国古代的军礼和军法，对礼学研究非常重要。《司马法》现存五篇，即仁本第一、天子之义第二、定爵第三、严位第四、用众第五。

◆ 《尉缭子》

《尉缭子》的作者是秦始皇时的尉缭，最早著录于《汉书·艺文志》，书中杂家类著录《尉缭》29篇，兵形势家类著录《尉缭》31篇。1972年在山东临沂银雀山汉墓出土了《尉缭子》残简，说明此书在西汉已流行。《尉缭子》的军事思想具有战国时代的特色，被定为《武经七书》之一，为武学科举必读的兵学教材。《尉缭子》现存24篇，主要论述战争和政治，军令和军制。

◆ 《三十六计》

《三十六计》又称"三十六策"，是指中国古代三十六个兵法策略，源于南北朝宋将檀道济。据《南齐书·王敬则传》："檀公三十六策，走为上计，汝父子唯应

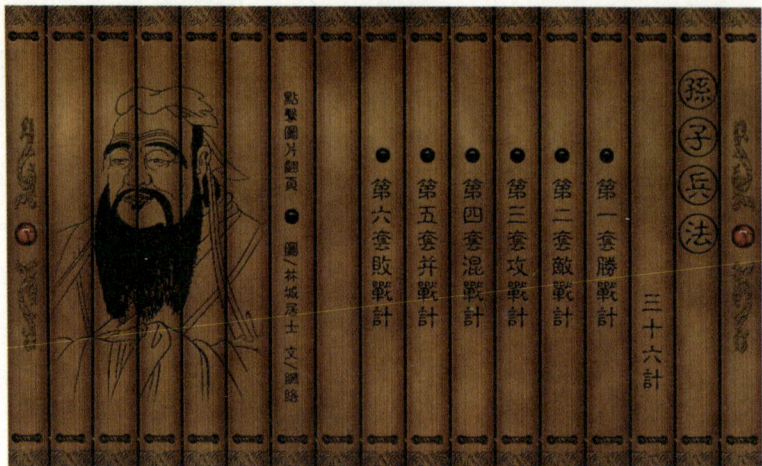

三十六计

走耳。"《三十六计》成书于明清，是根据我国古代卓越的军事思想和丰富的斗争经验总结而成的兵书。原书按计名排列，共分六套，即胜战计、敌战计、攻战计、混战计、并战计、败战计。前三套是处于优势所用之计，后三套是处于劣势所用之计。每套各包含六计，总共三十六计。三十六计诗为："金玉檀公策，借以擒劫贼，鱼蛇海间笑，羊虎桃桑隔，树暗走痴故，釜空苦远客，屋梁有美尸，击魏连伐虢"。三十六计依序为：金蝉脱壳、抛砖引玉、借刀杀人、以逸待劳、擒贼擒王、趁火打劫、关门捉贼、浑水摸鱼、打草惊蛇、瞒天过海、反间计、笑里藏刀、顺手牵羊、调虎离山、李代桃僵、指桑骂槐、隔岸观火、树上开花、暗渡陈仓、走为上、假痴不癫、欲擒故纵、釜底抽薪、空城计、苦肉计、远交近攻、反客为主、上屋抽梯、偷梁换柱、无中生有、美人计、借尸还魂、声东击西、围魏救赵、连环计、假道伐虢。

◆ 《孙子兵法》

《孙子兵法》是世界上现存最古老的兵书，又名《孙子》《孙子兵书》《吴孙子兵法》《孙武兵

法》《孙武兵书》等。《孙子兵法》是春秋末期孙武所著。孙武原为齐国人，后到了吴国，因献上兵法十三篇，被吴王阖闾重用，拜为大将，和伍子胥共事，辅佐吴王，后来领兵攻破楚国都城郢。《孙子兵法》历来受到兵家重视，据说拿破仑战败后还曾为没有早日得到此书而后悔。宋朝以后，《孙子兵法》被列入《武经七书》之首。《孙子兵法》在中国被奉为兵家经典，对中国的军事学发展影响非常深远，在世界军事史上也有重要地位。

《孙子兵法》共十三篇，主要论述了军事学的主要问题，对战争经验进行了总结，提出了一些著名的革命性军事命题，并且揭示了一些具有普遍意义的军事规律。其内容主要有：始计、作战、谋攻、军形、兵势、虚实、军争、九变、行军、地形、九地、火攻、用间、吴问、四变、帝伐赤帝等。《孙子兵法》的军事思想主要有四点：太极思想，如"形兵之极，至于无

形"；慎战思想，如"兵者，国之大事，死生之地，存亡之道，不可不察也"；全争思想，如"必以全争于天下，故兵不顿而利可全"，"胜兵先胜，而后求战"；先胜思想，如"昔之善战者，先为不可胜，以待敌之可胜"。

孙子认为战争是国家大事，关系国家生死存亡，不可不研究。严格地说，孙子是个反战者，原因在于战争是资源消耗战。孙子认为最好的作战就是不战而胜。孙子最早在兵法上提出情报的重要性，即主张"知彼知己，百战不殆；不知彼而知己，一胜一负；不知彼不知己，每战必殆"。孙子还强调备战："故用兵之法勿恃敌之不来，恃吾有以待之，勿恃敌之不攻恃吾有所不可攻也。"孙子主张，战争的胜利在于敌方露出破绽，有可趁之机。他还主张，用兵在于正奇相用。正就是按牌理出牌，奇就是不按牌理出牌。

孙子认为在战场上，"将在外，君命有所不受"，军事指挥官

古代战争

面"，以全面瓦解敌方士气的观点，即穷寇莫追，围师必阙。对于战场环境利用，孙子主张"置之死地而后生，置之亡地而后存"，要适时激励将士拼死一搏。孙子还认为兵无常势，就好像水无常形一样，用兵不要一成不变，能根据敌人的变化用兵取胜的人，才是神。

应有一定的战场决断权。谈到对败兵的处置，孙子特别主张"网开一

西方著名军事家及著作

军事家是指具有对军事活动实施正确指引或是擅长具体负责军事行动的实施的人。一般能被称为军事家的，多为军队最高统帅或高级将领。另外，笼统而言，战略家、战术家和军事理论家都可成为军事家。作为战略家，要目光长远，纵观整个战局，能从全面的角度剖析战争本身，并且能提出正确的战略方针引导军队获胜，如毛泽东、孙武、马歇尔、汉尼拔等；作为军事理论家，一般以学术见长，他们会提出一些军事观点、作战策略，供军事家们参考，有的还会整理自己的学术观点完成著作，脑力劳动相对明显，如孙武、克劳塞维茨、杜黑、沙波什尼科夫等；作为战术家，要亲临一线指挥战斗，制定作

战计划，同时还要具备坚毅、勇敢的性格、灵活多变的指挥艺术。一般来说，战术家是军队的指挥官，处于战争的第一线，如亚历山大、拿破仑、朱可夫、隆美尔等。另外军事家按军事领域可分为空战军事家、陆战军事家和海战军事家。下面我们就来介绍一些西方著名的军事家及著作。

隆美尔

◆ 随机应变的隆美尔

在第二次世界大战中，1942年盟军在北非展开火炬行动，对德国非洲军团的司令隆美尔发动攻击。由于当时隆美尔的部队严重缺少补给，没有足够的反坦克炮，面对大量盟军装甲部队的攻击，形势非常紧急。这时隆美尔突发奇想，他让士兵将88毫米防空炮平放来对付盟军的坦克，它威力巨大的穿透力使其能轻易击毁盟军的坦克以及装甲车辆，即使是令德军非常头痛的玛蒂尔达2号步兵坦克的正面装甲都可以轻易贯穿，让盟军吃了许多苦头。后来盟军知道这一情况后，对隆美尔赞叹不已。

◆ 出奇制胜的山本五十六

山本五十六策划了偷袭珍珠港事件。在第二次世界大战期间，日本高层担心，一旦日美双方开战，美国海军舰队必将在太平洋上对日军进行海上封锁。所以身为日本联合舰队司令的山本五十六提出了偷袭珍珠港的计划，以提前打击美国的太平洋舰队力量。1941年12月7日清晨，日本海军的航空母舰舰载飞机和微型潜艇突然袭击了美国海军太平

217

洋舰队在夏威夷基地珍珠港以及美国陆军和海军在欧胡岛上的飞机场。这次战役中，日本海军以极小的代价给驻守在珍珠港内的美军造成了惨重的损失，数千人死亡，大量军舰被击沉或击伤，使美国海军在短期内不能给日本海军造成威胁，从此山本五十六名声大振。

◆ 纵观全局的马歇尔

乔治·卡特利特·马歇尔，美国军事家、战略家、政治家、外交家，美国陆军五星上将。他于1901年毕业于弗吉尼亚军校，1939年任陆军参谋长，参加过第一、二次世界大战。在第二次世界大战中，他帮助富兰克林·德拉诺·罗斯福出谋划策，坚持先攻纳粹德国再攻日本，指导盟军通过正确的战略方向打击法西斯，缩短了第二次世界大战持续的时间。可以说，美军在二战期间所有重大的军事行动都是马歇尔参与制定的，他为美国在二战的胜利作了不可磨灭的贡献。马歇

尔1945年退役，退役后的他曾参加中国国民党和中国共产党的谈判。他1947至1949年期间担任美国国务卿，1950至1951年间担任国防部长。他提出过"欧洲复兴计划"（马歇尔计划），并因为此计划改善了西欧战后经济水平而于1953年获得了诺贝尔和平奖。

◆ 《战争论》

《战争论》是克劳塞维茨在总结以往战争特别是拿破仑战争的基础上写成的，共3卷8篇124章。第一篇论战争的性质；第二篇论战争理论；第三篇论战略概论；第四篇论战斗；第五篇论军队；第六篇论防御；第七篇论进攻；第八篇论战争计划。克劳塞维茨在《战争论》中提出了几个著名理论：（1）战争只能根据概然性的规律推断。（2）战争无非是政治通过另一种手段的继续。（3）消灭敌人军队的企图是战争的长矛。打垮敌人包括三个要素：消灭敌人的军队；占领敌人的国

土；征服敌人的意志。其中，消灭敌人军队为第一要素。（4）战争理论不是死板的规定而应是一种考察。（5）运用战争史例的两条原则。一是必须详尽史例，二是尽量选择最近的史例。（6）精神要素是战争中最重要的问题之一。他所说的精神要素主要是指统帅的才能、军队的武德等。（7）民众战争是战争整个发酵过程的扩大和加强。他对民众战争一贯持赞成态度，并充分肯定了民众战争的地位和作用。（8）进攻和防御两种作战形式是相互交错的。（9）战略上最重要而又最简单的准则是集中兵力。克劳塞维茨指出。"数量上的优势不论在战术上还是战略上都是最普遍的致胜因素。"

◆ 《海军战略论》

《海军战略论》是战略家阿尔弗雷德·马汉的代表作。马汉的思想深受古希腊雅典海军统帅地米斯托克利及政治家伯里克利的影响，

主要著述有《海权对历史的影响》《海权对法国革命及帝国的影响，1793—1812》《海权的影响与1812年战争的关系》《海军战略》等。马汉1840年9月27日出生在西点军校；1902至1903年被选为美国历史学会会长；1908年出任美国海军事务委员会主席；1911年发表《海军战略论》；1914年12月1日逝世。

马汉认为制海权对国家力量最为重要，海洋的主要航线能带来大量商业利益，因此必须有强大的舰队确保制海权。马汉认为海洋可保护国家免于在本土交战，而制海权对战争的影响比陆军更大。他主张美国应建立强大的远洋舰队，控制加勒比海、中美洲地峡附近的水域，然后控制其他海洋，再进一步与列强共同利用东南亚与中国的海洋利益。美国总统西奥多·罗斯福控制中美洲的"巨棒政策"就是以马汉理论为基础的。直到冷战结束后美国在亚太地区的部署都以马汉理论为原型。

马汉在这本书中讨论了一国的

地理、人口、政府政策等六项基本因素对海权的影响：一是地理位置。最理想的位置是居中央位置的岛屿，并靠近主要的贸易通道上，有良好的港口和海军基地。二是自然地理形态。要具有绵长海岸线及拥有良好可用的港口。三是国家领土大小范围。国土的大小必须与人口、资源及其他权力因素相配合。一个国家人口的总数与海岸线总长度的比例，具极大重要性。面积太大，而人口与资源不成比例的国家，防守密度低，国家的危险性增高；假使又被河川或港口所割裂，则更加危险。四是人口数量。人口数量和素质对海权均权为重要。五是民族性。面向海洋的国家，具有

冒险犯难的性格，能促进商机、航运发展；海洋商业与海军的结合，再加上殖民地的开拓，终能成海权霸主。六是政府的性质和政策。政府的战略主张会影响海军武力的运用，因而政府必须明智而坚毅。

马汉认为，"一部海权史实际上是一部国民政治军事史。"马汉的《海军战略论》顺应了西方列强，特别是英国的扩张需要。一位海军战略家认为："马汉的海权论在一定程度上改变了我们所生活的时代的历史。""谁控制住海洋，谁就统治了世界。"马汉这句名言在两次世界大战及人类现今的军事战争史上得到了有力的证实。

第十二章

演绎文化的民俗学

民俗有着多种意义，一是指人民的风俗习惯。二是指民众的生活、生产、风尚习俗等情况。如《管子·正世》中说道："古之欲正世调天下者，必先观国政，料事务，察民俗，本治乱之所生，知得失之所在，然后从事"；三是指民众，百姓。从文化角度定义，民俗又称民间风俗，是指一个国家或民族中广大民众所创造、享用和传承的生活文化。

民俗源于人类社会群体生活的需要，其在特定的民族、时代和地域中不断形成、扩大和演变，为民众的日常生活服务。各地的民俗都是由当地人民生活的习惯所形成的。民俗的内容丰富多彩，比如生产劳动的民俗，日常生活的民俗，传统节日的民俗，社会组织的民俗。人生成长的各个阶段，也需要民俗进行规范，比如结婚时需要有结婚典礼或仪式来求得社会认同；在人的精神意识领域也有民俗，比如日常生活中的禁忌就是民俗，如大年三十至初二，家中不许扫地，如果进行打扫就会破坏来年的财运等。

总之，民俗就是一种来自于人民，传承于人民，规范人民，又深藏在人民的行为、语言和心理中的文化力量。具体来说，民俗包含的内容主要有生产劳动民俗、日常生活民俗、社会组织民俗、岁时节日民俗、人生仪礼、游艺民俗、民间观念、民间文学等。而民俗学就是一门针对信仰、风俗、口传文学、传统文化及思考模式进行研究，来阐明这些民俗现象在时空中流变意义的学科。本章我们就以民俗学为话题，来谈一谈其定义、发展简史、学科流派，以及中外著名的民俗学家及著作。

民俗学的定义

民俗，即民间风俗，是指一个国家或民族的广大民众所创造、享用和传承的生活文化。民俗源于人类社会群体生活的需要，在特定的民族、时代和地域中不断形成、扩大和演变，为民众的日常生活服务。各地的民俗是由当地人民生活的习惯所形成。民俗涉及的内容很多，包含：生产劳动民俗、日常生活民俗、社会组织民俗、岁时节日民俗、人生仪礼、游艺民俗、民间观念、民间文学。

民俗学是一门针对信仰、风俗、口传文学、传统文化及思考模式进行研究，来阐明这些民俗现象在时空中流变意义的学科。民俗学与发生在我们周围的各种生活现象息息相关。人们不一定能意识到自己的生活对整个社会具有多大的意义，他们在日常交流中所展现的一切对文化的传播和保存起了什么样的意义和作用。但是，有关人类活动的一切细节都可以成为民俗学者的研究对象，其中包含、传达着重要的文化信息。

"民俗学"一词最早见于英国，本意是"民众的知识"或"民间的智慧"，作为科学名称可直译成"关于民众知识的科学"。民俗是人民生活形态的真实反映，举凡生活中食、衣、住、行、育、乐的内涵与形式，以及其间思想、行为、仪节、活动的记录与形成，都是民俗学探讨的主题。这种约定俗成的习惯与风俗，不仅是人们生活的提升与满足，更是民族生存不可或缺的精神支柱，因此，对于民俗学的认知与阐述，是当今国际学术

研究极为重视的课题。

民俗是最贴切身心和生活的一种文化。劳动时有生产劳动的民俗，日常生活中有日常生活的民俗，传统节日中有传统节日的民俗，社会组织有社会组织民俗。即使人生成长的各个阶段也需要民俗进行规范，比如结婚，人们需要有结婚典礼或仪式来求得社会认同；许多生活中的禁忌也是民俗，如大年三十至初二，家中不许扫地，如果进行打扫就会破坏来年的财运等等。

民俗深植于民间，人们一代代传承它，在空间上由一个地域向另一个地域扩散。民俗在传承的过程中也会出现各种不同的变化，比如过年时北方吃饺子南方却吃年糕。民俗学家把这种现象称为"民俗的变异"。总之，民俗就是一种来自于人民，传承于人民，规范人民，又深藏在人民的行为、语言和心理中的文化习俗力量。

中国民俗学发展史

在考古文物和古籍中，有不少关于古代我国人民生产、生活、信仰等方面的珍贵民俗学资料。如先秦的《周易·屯六二》中记载了我国古代抢婚风俗；《诗经·国风·溱洧》中描写的是郑国三月上巳节在溱洧两河岸上举行游春活动，描写了青年男女在节日风俗活动中交谊相嬉的情景；《周礼》和《仪礼》所记的礼仪等风俗处处可见。

大约成书于先秦至西汉的《山海经》中，记载了丰富的神话、宗教、民族、民间医药等古民俗珍贵资料。东汉时期产生了专门讨论风俗的著作，如应劭的《风俗通义》。魏晋南北朝时期产生了专门记述地方风俗的著作，如晋代周处的《风土记》，梁代宗懔的《荆楚岁时记》等。隋唐以来，全部或部分记录风俗习惯及民间文艺的书籍更多。但是，具有现代意义的民俗学著作，却是在新文化运动之后出现的。

1920年北京大学成立"歌谣研究会"，1922年创办《歌谣》周刊，首次揭示研究歌谣的目的是文艺的与民俗学的。1928年初，中山大学正式成立"民俗学会"，出版民俗学期刊和丛书，并举办民俗学传习班，影响颇大。

30年代初，杭州又成立了"中国民俗学会"，继承并发展了北京大学和中山大学这方面的学术工作。从20年代到40年代末，产生了一些优秀的学者和著作，如顾颉刚的《孟姜女故事研究》、江绍原的《发须爪》，以及黄石、闻一多等关于神话、传说的研究论文。在抗日战争期间，由于毛泽东提倡文艺创作的大众化，并指出民间固有文化的优点和学习它的重要，因而在西北根据地形成了搜集和运用民间文学艺术的热潮，并扩及到各抗日根据地给"五四"以来这方面的民俗研究活动注入了新的活力，形成了新的科学起点。

新中国成立后，在北京成立了"民间文艺研究会"，进行采集、研究和组织队伍等工作，出版了《民间文艺集刊》《民间文学》等刊物和许多歌谣集、故事集。50年代后期，配合各少数民族地区的民主改革，有关部门组织力量，对国内各少数民族的历史、语言、社会、文化、风俗习惯等进行了比较广泛的调查，积累了大量资料。1978年，中国共产党十一届三中全会以来，民俗学活动得到了新的、比较全面的发展，民间文艺的收集、研究工作也进一步展开。中国民俗学会于1983年5月在北京成立，其他一些地方也相继建立起民俗学团体，有些地区的博物馆还建立了民俗学部或开办了民俗学资料展览会。中国民俗学事业已进入了

一个新的繁荣时期。

随着社会的发展，民俗文化的保护和传承工作日益受到人们的重视。中国民俗学会自1983年5月成立以来，一直致力于调查、搜集、整理、研究我国各民族的民俗，为建立具有中国特色的民俗学，为移风易俗、促进社会主义物质文明和精神文明建设，丰富世界文化宝库做出了巨大贡献。为弘扬祖国优秀的民族、民间文化，多年来已形成以记录与抢救中华文化遗产为主旨，以传统医药学和古代科技、文史古籍、民间文化、考古收藏文物

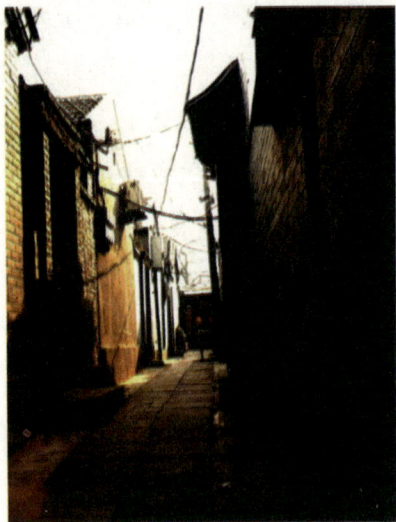

北京胡同

类图书为主体的国家民俗读物出版战略。

目前，在我国民俗学研究领域具有重要影响的著作有：《老北京旧闻故影》书系，包括《京城民居建筑绘画图集》《四合梦》《清代北京皇城写真帖》《老北京公园开放记》《大前门——王永斌口述老北京生活》《消失的胡同——铅笔画中的北京风貌》《皇家园林》《金石记忆：碑刻铭文里的老北京》《喜庆堂会：旧京寿庆礼俗》《燕京八景》《老北京的民俗行业》《京城镖行》《北京史通论》《八国联军侵华时期照片集》《旧京社戏图》《九门红尘——老北京探微述真》《三山五园旧影》《见闻北京七十年琐记》《漫画北京城》《四合院》《北京旧事》《北京西山健锐营》《北京人什么样》《昔日的夏宫圆明园》《老北京与满族》《老北京与煤业》《康熙盛世的故事》；《城市记忆·老地图》，包括《北海景山故事地图》《北京城明代宫城地图》《什

226

刹海故事地图》《天坛故事地图》《北京宣南历史地图集》《圆明园原貌图》《颐和园》《老北京风俗地图》《十三陵手绘地图》《天津1932年老地图》《上海1932年老地图》《南京1932年老地图》；《地方历史民俗丛书》，包括《美在民间：锦州非物质文化遗产》《朝阳辽代画像石刻》《辽西古塔寻踪》《中国少数民族戏曲剧种发展史》《中国纳西族东巴舞谱研究：兼论巫与舞、舞蹈与舞谱》《草根南昌：豫章风物寻踪》；三足乌文丛，包括《会说话的巫图——远古民间信仰调查》《寻根之路——一种神秘巫图的发现》《骊龙之珠的诱惑——对一种民间文化模式的考察》《象征——对一种民间文化模式的考察》《岭云关雪——民间神话学论集》《巫觋——人与鬼神之间》等等。通过学习这些民俗读物，我们可以探索到中华民间文化的丰富内涵和渊源。

民俗学的重要流派

民俗学的流派主要包含历史民俗学、理论民俗学、应用民俗学三大的学科分支。其中，应用民俗学是为将民俗学理论应用于社会而创立的民俗学的一个分支学科，它从应用的角度，对具体的民俗问题进行研究，以探讨民俗在当代的发展变化，讨论民俗的应用范围、应用对象、应用功能、应用资源、应用前景等问题。在民俗旅游方面，应用民俗学大有可为。应用民俗学研究的对象主要有：民俗与共同体（社区、民族、民族国家；民俗与经济；民俗与旅游；民俗与娱乐；民俗与人的全面发展等。

历史民俗学是研究历史上的民

俗事象与民俗理论的学问，包括民俗史与民俗学史两个部分。其中，民俗史是对综合或者单项的民俗事象的历史的探究与叙述，包括通时的或断代的事象的探究与叙述。民俗学史是关于民俗事象的思想史、理论史，也包括搜集、记录、整理和运用它们的历史。总之，历史民俗学属于民俗学学术领域，它虽然探讨历史上的民俗事象，但注重的是民俗属性的研究，本质上是以民俗学为前提的。一般说来，历史民俗学的研究对象包括中国上古民众生活、中国中古民众生活、中国近世民众生活。接下来我们就来详细说一说中国民俗学中的历史民俗学的研究内容。

◆ 中国上古民众生活

中国上古民众生活包括远古民俗和古代民俗两个部分。远古民俗是在漫长的原始社会孕育形成的，它基本上是史前时期的民俗。史前民俗是中国民俗的开端，这个历史阶段出现了大量的原始习俗。远古

时期的生产力水平极低，人们不得不过一种纯粹的群居生活，形成了最初的生活规则和群体习惯，例如刀耕火种的生产习俗及对女娲的崇拜；钻木取火，吃熟食的习惯取代吃生食的习惯；在敬畏自然时，对拟人化的自然神灵的崇拜；还有在这种敬畏之中创造的对付超自然力的巫术和占卜习俗等等，都是后世生产、饮食、信仰民俗的雏形。

古代民俗主要是指春秋战国到魏晋南北朝间的民俗。在汉朝之前是汉族形成的时期的，也是汉族的

钻木取火

风俗形成的时期。如婚礼的六个程序（纳采、问名、纳吉、纳征、请期、迎亲）就是在周代确立形成的。在汉朝，中国经历了有史以来的最大规模的民族融合，随着封建制度的确立，各种风俗习惯也逐渐成型并在中国的疆域上传承。尤其是秦始皇推行了许多政策，其中有很多是针对风俗的，如推行薄葬，统一服饰，令平民同意裹黑头巾等。到了汉武帝时，中国的岁时节令习俗已基本形成，与今天的岁时民俗相差无几。

◆ 中国中古民众生活

中古指的是隋唐五代及宋代这一历史时期。这个时期的民俗逐步走向丰富和成熟，许多民俗逐渐固定下来，成为流传至今的文化遗产。中古民俗与现实生活结合紧密，虚妄程度大大减弱，生活气息日渐浓厚，更易于为人们所接受，因而对近世民俗影响极大。其中，都市民俗的发展尤为突出，它们与都市文化相适应，在信仰、服饰、饮食、游乐以及遵守成规等方面都有较大发展，对喜庆的追求也愈演愈烈。下面我们分别从饮食、服饰、婚娶等方面来说一说中国中古时期的民众生活与风俗。

一是饮食方面。唐代的饮食渐趋精致，出现了烹调技术的专著。当时已有著名的店铺如长安张手美家，每节专卖一物，元日之元阳脔，人日之六一菜，上元之油画明珠，二月十五之涅槃兜，寒食之冬凌粥，四月八日之指天饺馅等。唐代节令饮食于此可见一斑。宋代饮食则更加多种多样，不但出现了王楼梅花包子、曹婆婆肉饼、郑家油饼、湖上鱼羹、宋五嫂羊肉、王家

包 子

血肚羹等著名风味食品，而且更注重食品的形象和包装。《东京梦华录》卷之五"民俗"云："凡百所卖饮食之人，装鲜净盒器皿，车担使动，奇巧可爱，食味和羹，不敢草略。"

二是服饰方面。唐代服饰的特点，除了普遍戴乌纱帽以外，还受少数民族影响，胡服盛行，自天子到庶民都穿着胡服。另外，唐代还用衣服的颜色来区分士人的等级，庶民则穿白色。到了宋代，等级的区分愈加明显，而且还出现了用服饰区分各个行业的做法。在北宋，多以紫色为贵，后来皇帝与内臣的衣服加深为黝色，士庶渐相仿效，成为习俗。南宋时则重视素装，趋于简易。

三是婚娶方面。唐代婚娶风俗发展得极为完备，婚礼纳彩有合欢、嘉禾、九子蒲、朱苇、双石、棉絮、长命缕、胶漆九件象征欢乐美满的吉祥物品，而且改变了上古时期夜晚成婚的习俗，增添了"入帐"和"催妆"两个程序。宋代的婚娶习俗愈演愈繁，程序渐趋繁杂琐细，婚礼开始用乐。这时的婚娶年龄有所提前，有指腹为婚、襁褓订婚等风俗，舅表婚很盛行。

另外，宋代还形成了一整套的产育习俗，除催生、满月、百日等习俗外，"五男二女，七子团圆"的说法和"抓周"的仪式也已经产生。而在丧葬习俗方面，宋代一改上古至隋唐的旧制，丧礼尽废，士大夫居丧期间，食肉饮酒，无异平日。丧仪也大大简化，但在丧事中出现了供佛、请僧道祈福等宗教程序，烧纸钱的风俗盛行于民间，同时还出现了火葬和水葬的风俗。宋

凤冠霞帔

230

代的岁时风俗也发展的相当完备。从正月初一开始，元旦朝会、元宵节、清明节、四月八日浴佛节、端午节、六月六、七夕、中元节、立秋、中秋、重阳、天宁节、立冬、冬至等重要岁时节日均有民俗活动，而且讲究极多，基本上可以看出近世岁时风俗的雏形。

◆ 中国近世民众生活

元、明、清三代是我国封建社会后期，这一历史阶段被称为近世。元代是蒙古人统治的朝代，所以在元代的民俗中出现了不同以往的独特风俗，其中大多是蒙古人的本民族习俗，也有部分在征战四方的过程中吸纳的各民族习俗，呈现鲜活的异域风采和粗犷的风貌。元代初期，宗教民俗以佛教为主；至元末，道教和喇嘛教相继进入大都，成为统治者推崇的宗教。这直接影响到了大都的民俗和民间文艺活动，出现了极富道教色彩的正月十六中幡盛会，崇信真武神、碧霞元君、关圣帝君、东岳齐天大帝以

及窑神、马王神等，一直流传至近代，但其中的宗教色彩已大大减弱。此外，元代还有基督教、伊斯兰教和蒙古人原来信仰的萨满教等多种宗教并存。

元大都的民间文艺活动十分丰富多彩，各种说唱、杂技、武术、摔跤等技艺都倍加繁荣，尤其是杂剧，更成为人民生活中不可缺少的娱乐项目；清明的秋千、端午射柳、重阳的马球也成为盛行的节日游艺活动。另外，十月一送寒衣、推算生辰八字、丧葬仪式中的鼓乐纸扎以及崇信"石敢当"的习俗也非常流行。

明代的社会风气，国初尚且质朴，从正德、嘉靖时开始变化，至嘉靖末年、隆庆初年则更为奢靡腐败。饮食、服饰方面僭越现象日益增多，屡禁不止。明朝的代表服饰有六合小帽（即瓜皮帽）、方巾（又名四方平定巾）、东坡巾、忠靖冠及网巾等。民家妇女不受封也可戴梁冠，披红袍或着百花袍。南方淫祀多巫的现象比较普遍。另

外，端午的习俗除了沿袭已久的射柳，又有赛龙舟的习俗见于记载；婚礼中撒帐的风俗已经形成；每年上元节的灯市也愈演愈烈，从南宋放元宵的六日街灯增加到十日，变成一年中最重大最热烈的节日活动。而清代的民俗比较活跃，资料记载也很丰富，从清初至中叶，风俗渐趋奢侈。清代也是少数民族统治的朝代，所以在服饰、饮食、婚娶等各方面都可以看到满族风俗的影响。

著名民俗学家及著作

民俗学家是指从事民风民俗研究、具有较高声誉和有一定自己观点和主见的学者或者专业人士。民俗学者把民俗作为一门学问进行研究，并运用现代社会科学的理论来指导对民俗的搜集整理与研究工作。民俗学家不同于一般的民间艺人或一般的民俗活动的口传者和写作者。民俗学家早期的代表人物是德国的格林兄弟、法国列维·斯特劳斯、英国的班妮、德国的汤姆斯·鲍斯特、法国的莫斯均等，我国的顾颉刚、胡适、周作人、刘半农、朱自清、黄现璠、钟敬文、杨成志、罗香林、赵景深等。这里我们主要介绍的两位著名民俗学家是我国的顾颉刚和德国的格林兄弟。

◆ 顾颉刚

江苏苏州人，原名诵坤，字铭坚，是现代古史辨学派的创始人，也是中国历史地理学和民俗学的开创者。有学者认为，解放前，日本学者特别是名牌大学如东京、京都、帝大教授，都看不起中国学者，惟对顾颉刚先生和陈垣先生推崇备至。在民俗方面，顾颉刚作过很多考察研究。比如，他对妙峰山的考察、对土地神的探究以及对苏州婚丧礼节的论述，都很有成就，在当时影响颇大。其中《妙峰山的香气》对群众朝拜碧霞元君女神的盛况作了考察研究，分析了各种人朝拜、祈福的迷信心理和庙主假神戚敛财的实质，发现了人民物质生活水平和祈福心理的关系。

《孟姜女故事研究集》是研究孟姜女传说的专集，由顾颉刚编著，国立广州中山大学语言历史学研究所于1928年出版，是中山大学"民俗学会丛书"之一。《孟姜女故事研究集》第1册收有顾颉刚的论文《孟姜女故事的转变》《孟姜女故事的研究》及《自序》。第2册收有顾颉刚、吴立模等所著8篇短论和启事、插图等有关资料。其中有顾颉刚的《杞梁妻哭崩的城》《杞梁妻的哭崩梁山》《孟姜女故事研究的第二次开头》等篇。第3册收入刘复、郭绍虞、钱肇基、钟敬文等写给顾颉刚的讨论信件38封。

《孟姜女故事研究集》第1册集中反映了顾颉刚研究孟姜女传说的观点、方法与结论。他把传说材料分别列成"历史的系统"和"地域的系统"，进行归纳和比较。在历史系统中，他指出孟姜女传说发端于春秋时代杞梁妻哭夫的史迹，以后人民群众又根据自己的理解要求在传述过程中使它发生了多次的转变。在地域系统中，他着重论述了传说的地理分布，并指出传说的传播有自身的规律和特点，如因各地风俗的不同而使传说呈现出不同的形态。顾颉刚在孟姜女故事的研究中辨析了传说在人民口头上和文

孟姜女

233

人学者的笔下的不同，指出群众才是孟姜女传说的真正创造者。总之，《孟姜女故事研究集》对孟姜女传说的研究，特别是历史演变的研究所提出的问题和研究结论，到现在仍具有相当高的科学价值。它在研究方法方面把历史文献材料与民间口头传说联系起来，进行历史和地理的比较，对中国后来的民间传说与神话的研究曾产生过重要影响。

◆ 格林兄弟

雅科布·格林和威廉·格林两兄弟，德国民间文学研究者，语言学家，民俗学家。从1806年开始，格林兄弟就致力于民间童话和传说的搜集、整理和研究工作，出版了《儿童和家庭童话集》和《德国传说集》。雅科布还出版了《德国神话》，威廉出版了《论德国古代民歌》和《德国英雄传说》。1806至1826年期间，雅科布研究语言学，编写了巨著《德语语法》，是一部历史语法，后人称之为日耳曼语言

的基本教程。在《德语语法》中，雅科布提出了印欧诸语言语音演变的规则，后人称之为格林定律。他指出，在印欧语系中日耳曼语族历史上辅音分组演变，在英语和低地德语中变了一次，后来在高地德语中又变了一次。格林兄弟在语言学研究方面成果丰硕，他们是日耳曼语言学的奠基人。

格林兄弟对民间文学发生兴趣在一定程度上是受浪漫派作家布仑坦诺和阿尔尼姆的影响。他们收集民间童话有一套科学的方法，并且善于鉴别真伪。他们的童话一方面保持了民间文学原有的特色和风格，同时他们又对童话又进行了提炼和润色，赋予它们以简朴、明快、风趣的形式。这些童话表达了德国人民的心愿、幻想和信仰，反映了德国古老的文化传统和审美观念。《格林童话集》共收童话216篇，为世界文学宝库增添了瑰宝，也是研究德国民俗文化的重要资料。

第十三章

传递信息的传播学

社会科学一点通

　　"传播"在汉语中是个联合结构的词，其中"传"具有"递、送、交、运、给、表达"等多种意义；"播"指"传播"。这就指明"传播"是一种动态行为。英语中，"传播"一词是从communication翻译过来，包含着"通讯、通知、信息、书信、传达、传授、传播、传染、交通、联络、共同、共享"等意思。一般说来，传播是指社会信息的传递或社会信息系统的运行。信息是传播的内容。传播的根本目的是传递信息，是人与人之间、人与社会之间通过有意义的符号进行信息传递、信息接受或信息反馈活动的总称。传播还有公共传播、大众传播之分。其中公共传播的特点是双向性、共享性、快速性、广泛性；构成要素有信源、信宿、信息、媒介、信道、反馈、时空环境、心理因素、文化背景和信息质量。大众传播专指通过报纸、广播、电视、网络等媒体进行信息传播，这些媒体也被统称为"大众传播媒体"，简称大众传媒。传播学是研究人类一切传播行为和传播过程发生、发展的规律以及传播与人和社会的关系，是研究社会信息系统及其运行规律的科学。总之，传播学是研究人类如何运用符号进行社会信息交流的学科。本章我们就来说一说传播学，及其形成、学派、著名学者及著作等话题。

传播学的定义

传播学又称传学、传意学，是一种社会科学。传播的价值主要有三：一是人们彼此关怀，共享世界的方式；二是确证自我的方式；三是社会调节的方式，如提供观察角度，决策信息，是社会运行的保障。传播学是一门社会科学，是研究人类一切传播行为和传播过程发生、发展的规律以及传播与人和社会的关系，研究社会信息系统及其运行规律的科学。总之，传播学是研究人类如何运用符号进行社会信息交流的学科。

传播学是20世纪30年代以来跨学科研究的产物。由于传播是人的一种基本社会功能，所以凡是研究人与人之间的关系的科学，如政治学、经济学、人类学、社会学、心理学、哲学、语言学、语义学、神经病学等，都与传播学相关。传播学运用社会学、心理学、政治学、新闻学、人类学等学科的理论观点和研究方法来研究传播的本质和概念；传播过程中各基本要素的相互联系与制约；信息的产生与获得、加工与传递、效能与反馈，信息与对象的交互作用；各种符号系统的形成及其在传播中的功能；各种传播媒介的功能与地位；传播制度、结构与社会各领域各系统的关系等。此外，传播学还借鉴自然科学中的信息论、控制论、系统论等。所以，人们称它为边缘科学。

早在公元前300多年，希腊哲学家亚里士多德在《修辞学》一书中，就总结了口语传播的5点要领：说话的人；所说的话；听话的人；场合；效果。他的理论受到传

巴甫洛夫

播学界的重视。而对于人类传播现象和行为作系统的、科学的研究，则始于20世纪20年代的美国。20年代前后，与传播学有密切关系的学科主要是社会心理学、社会学等，这些学科的基础理论和研究方法为人们从不同角度去探寻人际信息传播的内在规律提供了理论上和方法上的指导。苏联心理学家巴甫洛夫的条件反射学说、奥地利心理学家弗洛伊德的团体心理学说、美国的专栏作家李普曼的《舆论》一书，以及美国民意测验创始人盖洛普的博士论文《应用客观方法衡量读者

对报纸兴趣的一种新技术》，都对传播学的诞生有重要影响。

美国政治学家拉斯韦尔在1927年出版的《世界大战时期的宣传技术》一书，被认为是运用系统的、科学的方法分析传播内容的先驱之作。1948年，拉斯韦尔发表论文《社会传播的构造与功能》，提出了传播过程的五因素模式（即谁；说什么；通过什么渠道；对谁说的；产生什么效果），并提出了相应的控制（传播者）、内容、媒介、对象（受传者）和效果5项分析。他还提出信息传播有三项功能：一是对外部世界进行监测；二是使社会各部分联系接触；三是传播社会传统与文化。拉斯韦尔的传播模式与功能对传播学的发展具有较大影响。

20世纪30年代与40年代，奥地利社会学家和心理学家拉扎斯菲尔德将传播媒介置于社会环境中去考察传播效果，提出了"二级传播理论"，为传播学的渠道研究作出了贡献。40年代末50年代初，拉斯韦

尔等人对信息传播特别是大众传播的多学科研究引起了美国新闻界的重视。新闻学家施拉姆于1948年在伊利诺伊大学成立了美国第一个传播研究所，把新闻学同传播学综合了起来。40年代末以后，信息论、控制论、系统论的出现为传播学提供了新的理论武器与研究手段。传播学者们把信息、控制、反馈、系统等概念引入传播研究，提出了描述和解释传播现象和行为的一系列新的理论模式，从而使传播学形成了初步体系。

50年代后，美国成立了全国性的传播学研究协会，创办了数十种专业刊物，许多大学也纷纷成立传播学研究所。60年代前后，传播研究在西欧各国普遍开展起来，并形成了同美国传播学派相区别的西欧批判学派。60年代后期，传播学研究开始在苏联、东欧展开。中国的传播学研究起步于80年代初，现在正处在翻译、评介西方的传播学理论，并逐步和中国传统的新闻实际相结合，研究中国的传播理论阶段。

传播学诞生于美国，美国的学者分别从不同角度探索传播理论，并提出了种类繁多的传播模式，诸如用文字、图形和数学公式等表述的各种模式。传播学家运用不同的模式来解释信息传播的机制、传播的本质，提示传播过程与传播效果，预测未来传播的形势和结构等。传播学研究的重点和立足点是：人与人之间如何借传播的作用而建立一定的关系；研究范围包括：人际传播和大众传播。其中又以大众传播为主。研究传播学其实就是研究人与人，人与其他的团体、组织和社会的关系；研究人怎样受影响，怎样互相受影响；研究人怎样报告消息，怎样接受新闻与数据，怎样受教于人，怎样消遣与娱人。

传播学的重要流派

传播学之所以起源于美国，是因为在20世纪上半叶，欧亚大陆连续遭受了两次世界大战，而美国由于其独特的地理优势，成为众多科学家的避风港。而且美国本身的技术发明与应用一直处于领先地位，如1920年匹兹堡无线电视台的开业，1926年全美广播公司NBC的成立等。从社会状况来说，美国的政治与社会生活中有着高度重视大众传媒的传统，在政治机制中大众媒介是与立法机构、政府机构互相制衡的力量之一，比如报纸曾被称为第二国会。从学术传统来看，美国实用主义哲学盛行，学术研究特别强调解决实际问题。大量的实用信息为人们所用，方便了人们的生活、工作和社会的运行。但也有大批的商业推销、政治宣传、欺骗、色情、暴力等文化垃圾。以上条件决定了传播学起源于美国。

传播学在美国问世后，很快传到西欧和日本。英国的传播学研究从60年代开始蓬勃兴起，分为四大学派：以麦奎尔为首的社会学派；以霍洛伦为代表的社会心理学派；以奇斯曼和加纳姆为代表的政治经济学派；以利兹大学电视研究中心为代表的职能学派。日本的传播学始于第二次世界大战后，有两大特点：一是沿袭外国主要是美国的理论体系，并着重发展了强调受众有权直接参加传播过程的社会参与论；二是实践优先于理论。前苏联自60年代起开始重视研究传播学理论，提出了著名的菲尔索夫传播模式和阿列克谢耶夫传播模式。

在传播学的发展过程中，由于

在理论基础、思想方法和研究方法上的区别，传播学者逐步形成了两大派别：一是起源于美国的传统"经验学派"；二是后起于西欧的新兴"批判学派"。下面我们就来介绍一下传播学学派中的"经验学派"与"批判学派"。

◆ "经验学派"

"经验学派"又称为"行政学派""正统学派"。经验学派的主要基地在美国，主要国际性组织是国际传播协会。这一学派的主要代表人物是传播学的奠基人——拉斯韦尔、拉扎斯菲尔德、施拉姆等人。这一学派的主要特点是在传播学研究上注重定量分析的经验主义、功能主义和实证主义，从而给传播学的微观研究带来某些科学的、定量的、实验的研究方法；但是该学派往往忽视传播行为所处的复杂的社会环境，过分强调传播的直接效果。美国的"经验学派"之所以注重传播的说服效果研究、宣传效果研究，很大程度是由于受到了关心这类问题的美国政府、私人企业及基金会资助的缘故。

法兰克福

社会科学一点通

◆ "批判学派"

"批判学派"的起源可以追溯到法兰克福学派，它是以1923年成立的法兰克福社会研究所命名的，在西欧是以马克思主义的批判方法进行社会研究的中心。批判学派的主要国际性组织是国际大众传播研究协会，主要基地在欧洲。其代表人物有巴黎大学的马蒂拉、芬兰坦佩雷大学新闻与大众传播系教授诺登斯特兰、荷兰海牙社会学研究所教授哈姆林克等。

批判学派的形成是在20世纪60年代后。批判学派受到马克思主义理论的影响，在研究资本主义社会的大众传播媒介作用时将重点放在了对传播的社会、政治、经济环境的宏观研究上，强调传播研究同其他社会科学研究不可分割。批判学派认为：经验学派过分强调传播自身的重要性，忽视了传播产生的整体环境；在调查和实践中采用的定量分析方法过于偏重个人和微观方面，因而不能充分地反映传播的社会环境。绝大多数批判学派的学者都试图运用马克思主义的立场、观点来研究传播问题。

著名传播学家及著作

一般认为，传播学的奠基人有五位：一是拉斯韦尔，美国现代政治科学的创始人之一，提出了著名的传播学5W模式；二是卢音，德国犹太人，提出了信息传播中的"把关人"的概念；三是霍夫兰，实验心理学教授，把心理学实验方法引入了传播学领域，并揭示了传播效果形成的条件和复杂性；四是拉扎斯菲尔德，奥地利籍犹太人，把传播学引向经验性研究；五是施拉姆，设立了世界上第一个传播学

242

霍夫兰

研究所，主编了第一批传播学教材，开辟了电视对少年儿童的影响等研究领域。下面我们就来介绍一些著名的传播学家及著作。

◆ 沃尔特·李普曼

　　李普曼是美国著名的政论家、专栏作家，是在传播史上具有重要影响的学者之一，在宣传分析和舆论研究方面享有很高的声誉。和其他重要的早期传播学人物不同，就大众媒体在构成舆论方面的作用而言，李普曼是最有权威的发言者。他的《舆论学》被公认为是传播领域的奠基之作。李普曼1889年9月23日生于美国纽约；在哈佛大学时与人创立哈佛大学社会主义学社；1911年大学毕业后投身于新闻事业，热衷于政治新闻的报道并亲身参与活动，曾做过12位美国总统的顾问。李普曼的著作有《新闻与自由》《舆论学》等，其中最为著名的是1922年出版的《舆论学》。

　　李普曼在宣传分析和舆论研究方面享有很高的声誉。《公众舆论》作为一部传播学经典著作，第一次对公众舆论做了全景式的描述，让读者能细细地体会到舆论现象的种种内在与外在联系。该书对舆论研究中一系列难以回避的问题做了卓有成效的梳理，如：舆论从哪里来和怎么样形成的？它能造成什么样的结果？谁是公众，什么样的公众？公众舆论是什么意思？它是仅仅在公众中传播还是由公众自己形成的？它是不是或者什么时候

社会科学一点通

李普曼

才能成为独立的力量？《公众舆论》对成见、兴趣、公意的形成和民主形象等问题做了精辟而深刻的探讨，完成了新闻史上对舆论传播现象的第一次全面的梳理。

李普曼在《公众舆论》中提出了两个重要的概念，一个是"拟态环境"，另一个就是"刻板成见"。李普曼认为，现代社会越来越巨大化和复杂化，人们由于实际活动的范围、精力和注意力有限，不可能对与他们有关的整个外部环境和众多的事情都保持经验性接触，对超出自己亲身感知以外的

事物，人们只能通过各种"新闻供给机构"去了解认知。这样，人的行为就已经不再是对客观环境及其变化的反应，而成了对新闻机构提示的某种"拟态环境"的反应。"拟态环境"是传播媒介通过对象征性事件或信息进行选择和加工并重新加以结构化之后向人们提示的环境。而"刻板成见"指的是人们对特定的事物所持有的固定化、简单化的观念和印象，它通常伴随着人们对该事物的价值评价和好恶感情。"刻板成见"可以为人们认识事物提供简便的参考标准，但也会阻碍人们对新事物的接受。另外，议程设置的研究最早也始于《公众舆论》。

◆ 罗伯特·帕克

美国芝加哥大学社会学系是美国第一个社会学系，芝加哥学派则是20世纪美国社会科学领域最有影响的学派。在芝加哥学派中，对传播学影响最大的是被称为"开创了大众传播研究的学者"的罗伯

特·帕克。帕克一生著作不多，出版于1922年的《移民报刊及其控制》是他惟一的著作。这本书是迄今为止关于早期美国传播学最重要的教科书和读物。《移民报刊及其控制》共四部分：第一部分叙述"移民报刊的生存土壤"；第二部分叙述"外语报刊的状况"，分析了广告、地方报刊的发展，都市报刊，都市报刊与战争，阶级斗争；第三部分叙述"移民报刊的历史"，介绍了报刊对其移民状况的反映，报刊的生存斗争，以及适者生存的结果；第四部分叙述"报业控制"，讨论了控制杠杆，操纵控制，对手宣传与政府干预，以及联盟控制。帕克在《移民报刊及其控制》中提到了一直到现在还在研究的传播学论题，比如：媒体内容怎样影响公众意见；大众媒体是怎么被公众意见所影响的；大众媒体是否能够带来社会改变；人际传播是怎样与大众传播进行联系的等等。

◆ 《人民的选择》

拉扎斯菲尔德是传播效果研究的开创者，其《人民的选择》被称为"社会科学史上最复杂的调查研究之一"，也是传播效果研究的经典著作。《人民的选择》以1940年的美国总统大选为案例，试图阐释在大众传媒及人际关系的影响下，选民如何做出投票的选择。《人民的选择》对传播学学术思想的贡献主要体现在两方面：一是大众传播的有限效果论，一是"两级传播"和"舆论领袖"观点的形成。拉扎斯菲尔德证实，媒体只能告知和说服一些关键个人，也就是后来被称为"舆论领袖"的那些个人。这些个人转而通过与其追随者的人际传播联系，即以一种两级传播流通的模式将这种效果加以扩大。此外，将面对面的访谈和分组试验、定量分析的方法引入传播学研究也是拉扎斯菲尔德对传播学的一大贡献。

◆《社会传播的结构与功能》

拉斯韦尔提出了著名的5W传播模式。在《社会传播的结构与功能》中，拉斯韦尔对社会传播的过程、结构及其功能做了全面论述，并清晰阐释了5W传播模式以及大众传播三功能说。谁（who）、说什么（what）、对谁（whom）说、通过什么渠道（what channel）、取得什么效果（what effect），这就是著名的拉斯韦尔5W模式。这一模式还奠定了传播学研究的五大基本内容：即"控制分析""内容分析""媒介分析""受众分析"以及"效果分析"。大众传播的三种基本功能是：监视环境、协调社会以及文化传承。拉斯韦尔还开创了内容分析法，发明了定性和定量测度传播信息的方法论；关于政治宣传和战时宣传的研究，则代表着一种重要的早期传播

学类型；将弗洛伊德的精神分析理论引入到美国社会科学，并使其与政治分析相结合，从而在社会层面上运用了个体内部的弗氏理论；还创办了政策学。

◆《自由而负责任的传媒》

1947年美国新闻自由委员会出版的《自由而负责任的传媒》是新闻批评史上的一个里程碑。报告指出：新闻机构的自由应以推动民主政治、承担社会责任为目的，如果新闻机构逃避它的社会责任，则意味着它将丧失自由。报告呼吁新闻机构要从道德、民主和自律方面改

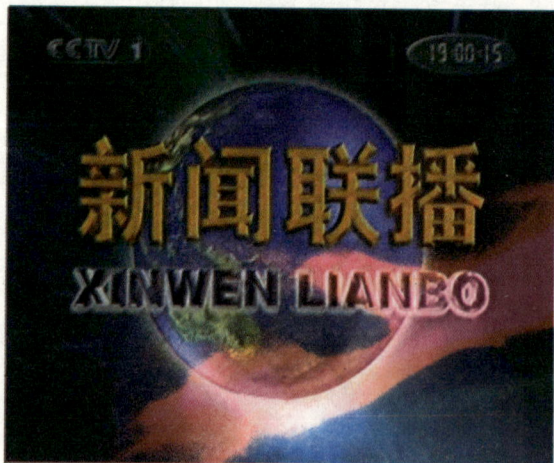

新闻联播

进自己的工作。报告认为交换消息和意见的言论市场已被少数经济、企业财团把持，操纵在少数人的手中，间接危害公众服务以及民主政治的基础。本书首次提出了社会责任论，提倡自由而负责的报刊，主张新闻自由应以社会责任为规范，媒体有责任为社会提供确实和重要的消息，如果媒体忽略它的公共责任，政府可有限度地控制。同时新闻媒体在行使社会责任时，要进行自律，注意职业水准的品质，致力于客观公正的报道，使得人人有使用媒体的权利，使新闻传播成为社会公器。《自由而负责的传媒》认为大众媒体在公共事件中：应对事情做真实、正确而完整的报道并赋予其意义，不但要报道事实，真理背景也很重要；应视大众媒介为意见交换的论坛；应呈现社会现实情况，正反两面都应顾及；应阐明社会目标及价值标准；应充分随时供应消息，对最新消息做最充分而周全的报道，使大众能透过报道对公众事务做出明智的决定。

◆ 《传播与说服》

　　霍夫兰是美国实验心理学家，毕生研究人的心理对人的行为的影响，研究说服与态度的关系、态度的形成与转变、说服的方式、技巧与能力等。他是将实验心理学引入传播学研究领域的第一人，他在1953年出版的《传播与说服》描述了这些研究的理论框架和结果。《传播与说服》中的研究课题有三个特征：一是研究的主要目的在于寻找说服的定律；二是研究采用的主要理论基础为刺激—反应的学习理论；三是研究的方法为实验室的实验法。霍夫兰的研究大致可以分类为传播者、传播讯息、阅听人以及阅听人的反应四个方面。霍夫兰的研究在传播学研究史上占有重要的地位；研究中提出的一些概念，如可信度、对宣传的免疫力、恐惧诉求、睡眠效果等等，都是重要的传播学论点。

社会科学一点通

◆《人有人的用处：控制论与社会》

1948年，维纳的《控制论》问世。为了使控制论的观念能为一般人所接受，维纳在1950年出版了《人有人的用处：控制论与社会》一书，目的就是希望通过他的努力使得人类在技术世界的环绕中更加有尊严、更有人性，而不是相反。本书从技术谈起，逐渐将视角扩大到文化、社会等各个领域，包括人类与动物不同的学习机制、语言的机制和历史、信息的组织方式、法律和传播过程的关系、传播和社会政治的关系、知识分子的角色问题、第一次和第二次工业革命、语言中的曲解问题等话题。从传播学的角度看，这是一本将熵和信息传递的概念贯穿始终的著作，并以此作为观察其他社会问题的线索。现代传播学中的制度、规范、法规、政策与管理、受众与传播效果等几乎所有的宏观、中观和微观无不渗透着控制论的观点。

◆《大众传播学》

威尔伯·施拉姆是传播学科的集大成者和创始人，为"传播学鼻祖""传播学之父"。他建立了第一个大学传播学研究机构，编撰了第一本传播学教科书，授予了第一个传播学博士学位，是世界上第一个具有传播学教授头衔的人。施拉姆对传播学的巨大贡献在于他把美国的新闻学与社会学、心理学、政治学等其他学科综合起来进行研究，创立了传播学，标志是1949年由他编撰的《大众传播学》的出版。全书共分八个部分，即大众传播学的发展、大众传播的结构与作用、大众传播的控制与支持、传播过程、大众传播的内容、大众传播的受众、大众传播的效果和大众传播的责任。施拉姆曾预言：传播学在不久的将来，会经历一个合并和重新确认的阶段。到那时，现在被称为新闻学、言语传播学、电影学、大众传播学和信息科学的大学机构将合并成被简单地称为"传播学"的更大机构。

◆ 《理解媒介》

《理解媒介》是传播学研究领域最有影响的媒介研究学者、加拿大多伦多大学教授麦克卢汉的成名作。作者首创了"媒介"，提出了"地球村""信息时代"，阐述了"媒介即信息""媒介是人的延伸""热媒介与冷媒介"等观点。这本书基本概括了麦克卢汉关于传播媒介的主要观点，全书分两部分。第一部分是理论阐述，阐述了"媒介即信息""冷媒介和热媒介""过热媒介的逆转""小玩艺爱好者—麻木的自恋""杂交的能量—危险的关系""作为转换器的媒介""挑战与崩溃—创造力的报复"等。第二部分是具体分析，以第一部分的理论为基础，详细分析了从古到今的26种传播媒介。在一定程度上，麦克卢汉是在尝试用他的媒介观解释人类文明和人类社会的发展历程，是一种新鲜有趣的历史观。

麦克卢汉

◆ 《多种声音，一个世界》

1980年，联合国教科文组织发表了一份当代国际传播领域最重要的学术文献：《多种声音，一个世界》，又称《麦克布莱德报告》。该报告倡导建立世界信息传播新秩序，主张通过放松版权法规，促进信息传播技术自由交流，鼓励第三世界国家出版业发展，以及更多的传播资源共享等措施，来改善发达国家和发展中国家信息传播资源不平等的状况，保护记者权益，消解信息垄断，保障信源多样化，尊重不同文化，最终建立"新世界信息

秩序"。该报告将"个别传播大国"对世界信息流通系统的支配看做是推行文化扩张主义的过程，而把发展中国家的牵制和反抗看做是抵制文化侵略的过程。简而言之，发达国家的文化扩张主要是通过以经济、资本实力为后盾的信息产品的传播而得到实现的。文化帝国主义对人类文化多元性和丰富性的抹杀和威胁甚至也引起了部分发达国家的警惕。